Russian Translation

D1570355

'The materials presented in *Russian Translation: Theory and Practice* provide a good overview of general techniques of translation, illustrated by appropriate examples and useful exercises. The book is well-structured and the notes for the tutors teaching the course are very useful.'

Marianna Taymanova, *University of Durham*

Russian Translation: Theory and Practice is a comprehensive practical course in translation for advanced undergraduate and postgraduate students of Russian. The course aims to provide intensive exposure with a view to mastering translation from Russian into English while carefully analyzing the specific problems that arise in the translation process.

Offering over 75 practical translation exercises and texts analyzed in detail to illustrate the stage-by-stage presentation of the method, *Russian Translation* addresses translation issues such as cultural differences, genre and translation goals. The book features material taken from a wide range of sources, including:

- journalistic
- medical
- scholarly
- legal
- economic
- popular culture – literature (prose and poetry), media, internet, humour, music.

Central grammatical and lexical topics that will be addressed across the volume through the source texts and target texts include: declensional and agreement gender; case usage; impersonal constructions; verbal aspect; verbal government; word order; Russian word formation, especially prefixation and suffixation; collocations and proverbs; and abbreviations.

Russian Translation: Theory and Practice is essential reading for all students seriously interested in improving their translation skills.

A Tutor's Handbook for this course, giving guidance on teaching methods and assessment, as well as specimen answers, is available in PDF format from our website: http://www.routledge.com/books/Russian-Translation-isbn9780415473477.

Edna Andrews is Professor of Linguistics and Cultural Anthropology, Director of the Center for Slavic, Eurasian and East European Studies at Duke University, USA.

Elena A. Maksimova is Associate Professor of the Practice in the Department of Slavic and Eurasian Studies at Duke University, USA.

Russian Translation

Theory and practice

Edna Andrews
and
Elena A. Maksimova

Routledge
Taylor & Francis Group

LONDON AND NEW YORK

First published 2010
by Routledge
2 Park Square, Milton Park, Abingdon, OX14 4RN

Simultaneously published in the USA and Canada
by Routledge
711 Third Ave, New York, NY 10017

Routledge is an imprint of the Taylor & Francis Group, an informa business

Typeset in Times New Roman by
Book Now Ltd

British Library Cataloguing in Publication Data
A catalogue record for this book is available from the British Library

Library of Congress Cataloging in Publication Data
Andrews, Edna, 1958–
Russian translation: theory & practice/Edna Andrews, Elena A.
Maksimova.
        p. cm.
1. Russian language—Translating into English. 2. Russian language—
Textbooks for foreign speakers—English. I. Maksimova, Elena. II. Title.
PG2498.A52 2009
491.782′421—dc22   2009003865

ISBN10: 0–415–47346–2 (hbk)
ISBN10: 0–415–47347–0 (pbk)

ISBN13: 978–0–415–47346–0 (hbk)
ISBN13: 978–0–415–47347–7 (pbk)

To Aleksej, Ludmila, Goldie, and Nick

Contents

Acknowledgements

The authors would like to thank our editors, Sophie Oliver, Andrea Hartill, Annamarie Kino, and Sonja van Leeuwen for their enthusiasm and care in bringing this project into print. We would also like to thank the reviewers for their comments and suggestions, and to Sándor Hervey and Ian Higgins for their contribution to the *Thinking Translation* series, and in particular their philosophy of minimizing difference in the translation process. Special thanks to our numerous colleagues for taking the time to comment on the manuscript and share their views and experience. Finally, the authors would like to express their gratitude to all of the persons providing permissions for reprinting materials in this work.

From POEM OF THE END: Selected Narrative and Lyrical Poetry by Marina Tsvetaeva. Translated by Nina Kossman with Andrew Newcomb. Copyright © Ardis/Overlook, New York, New York, 1998. Reprinted with permission.

From THE DEMESNE OF THE SWANS Marina Tsvetaeva. Translated by Robin Kemball. Copyright © Ardis/Overlook, New York, New York, 1980. Reprinted with permission.

From BULAT OKUDZHAVA: 65 SONGS, edited by Vladimir Frumkin, translated by Eve Shapiro. Copyright © Ardis/Overlook, New York, New York, 1980, 1982. Reprinted with permission.

'To Boris Pasternak' p. 94, from *Marina Tsvetaeva: Selected Poems*. 1999. Translated and introduced by Elaine Feinstein. Manchester, Carcanet Press Limited. Reprinted with permission.

'Your name is a – bird in my hand', p. 28, translation by Bernard Comrie, from *Marina Tsvetaeva: Selected Poems*. 1999. Translated and introduced by Elaine Feinstein. Manchester, Carcanet Press Limited. Reprinted with permission. Electronic permission: Copyright © Elaine Feinstein. Reproduced by permission of the author c/o Rogers, Coleridge & White Ltd., 20 Powis Mews, London W11 1JN.

'Crimson, bright clustered' pp. 74–75 and 'Your name – a bird cupped in the palm' pp. 100–101 from *Marina Tsvetaeva: Milestones*. Translated from the Russian and with an introduction and notes by Robin Kemball. Evanston, IL: Northwestern University Press, 2003. Reprinted with permission.

Daniil Xarms, Сон (1933). Даниил Хармс. Всё подряд … [volume 3: 1936–1941]. Moscow: Zaxarov, 2004, pp. 14–15. Reproduced with permission of Galina Dursthoff Literary Agency.

Kharms, Daniil. 'A Dream' from *The Man with the Black Coat*. Translated by George Gibian. Evanston: Northwestern University Press, 1997, pp. 80–81. Reprinted with permission.

'Прокуратура Санкт-Петербурга определит права жильцов общежития Михайловского театра' from Delovoj Peterburg, www.dp.ru, online article (no. 130 (2696)), 17 July 2008. Reprinted with permission.

'Пять миллиардов за пять минут' from Expert Online, www.expert.ru. 28 July 2008. Reprinted with permission.

While the publisher has made every effort to contact copyright holders of the material used in this volume, they would be happy to hear from anyone they were unable to contact.

Introduction

> Languages differ essentially in what they must convey and not in what they can convey.
>
> (Jakobson, 1960/1987: 264)

While there are many reasons for learning a second and third language, it is generally the case that language users often find themselves in situations where translation from one language to another becomes a necessity. In order to provide viable translations from one language to another, the translator must be (1) adequately proficient in the two (or more) languages, (2) have some idea of who the audience is, (3) must know the cultural and sociolinguistic context and (4) the goal of the interaction. In order to evaluate the successfulness of the translation, the receiver or critic must also have access to these criteria. In the end, it becomes necessary to acknowledge that *all translations*, whether they be founded in the addresser/addressee exchange within a single language, or the code-based changes of speech transactions across languages, *CHANGE meaning*.

Given the simultaneous and ever-present ambiguity and redundancy of all human language (which varies from speech act to speech act), any exchange of linguistic forms will introduce new elements on the one hand, and eliminate other previously given elements on the other. Thus, any translation (intralingual, interlingual, intersemiotic, or otherwise) introduces a shift in meaning. Whether this "shifting" of meaning is appropriate or not will depend on the factors mentioned above. The following chapters will explore how changes in meaning occur through these different types of translation, while engaging important perspectives from *translation studies,* including contributions from Chesterman, Newmark, Lederer, Munday, Jakobson, Vermeer, and others. While this is not a book solely devoted to the theory of translation or translation studies, we believe that there are significant contributions from the field that are essential for the teaching and learning of translation. Throughout the book we will offer a glimpse at important contributions from the field, including (1) how meaning changes in translation/shifts in meaning, (2) functional theories, including Skopos theory, (3) discourse analysis, system-level, and semiotic approaches, and (4) postmodern approaches.

Russian Translation: Theory and Practice is a new contribution to the Routledge press series devoted to Russian language and translation studies. Non-cognate languages such as Russian show that there are additional challenges in the acquisition of languages that are historically and culturally more distant from the student's L1. The materials for translation from Russian into English take into account a wide range of socio-cultural issues and attempt to prepare the learner for a variety of registers and contexts.

Texts have been chosen to achieve a dual purpose: to reflect as clearly as possible those specific aspects of translation that are essential to the learning process AND to introduce the student to a range of cultural phenomena through a variety of textual genres that are essential to understanding the complicated relationships between shifting textual users and the ever-shifting cultural context.

This course in translation is developed for students who have completed the equivalent of two years of college Russian. In proficiency terms, these materials are appropriate for students with a *minimum* rating of ACTFL Intermediate Mid, TRKI Level 1, ILR 2 and can also be used productively at more advanced levels.

Note to the reader

There is a companion website to this book where the reader can find links to songs referred to in the text. The companion website can be located at http://www.routledge.com/books/Russian-Translation-isbn9780415473477

Chapter 1

Preliminaries to translation as a process

In order to lay the foundation for our work in translation, this chapter will introduce basic terminology and the fundamental units of any linguistic act. (The following definitions include mainstream perspectives on general terms central to the field of translation studies.)

> Source text (ST) – the beginning point for the act of translation, the text to be translated;
> Target text (TT) – the goal of the act of translation, the text that results from translation;
> Source language (SL) – the language of the source text;
> Target language (TL) – the language of the target text.

The term *text*, while having an intuitive definition (like that of a mathematical "set"), also has more well-defined definitions within the field of translation studies. The important point to keep in mind about any text is that it was conceived by one or more authors who worked with a specific linguistic code in some culturally defined context and had both an audience and certain goals in mind. We propose the following COMMUNICATIVE ACT MODEL (CAM) to serve as the template for orienting the student in consistently identifying a minimum set of features crucial to the translation process of any text:

(1) Author(s) (including *intention, purpose/goal*).
(2) Audience (including the *addressee(s)* and *intended/unintended participants*).
(3) Contexts (including *referent(s)* and the more general *socio-historical and cultural* contexts) – this category always has two levels of context.
(4) Code (including the *language, register, dialect features* where relevant, diachronic placement if other than standard contemporary language).
(5) Message (as *content* AND as *aesthetic*).
(6) Channel (including *mode of contact* and how contact is initiated and/or maintained).

CAM is based on the Jakobsonian speech act model and later versions of this model given in the semiotic works of Thomas Sebeok and Yury Lotman (Jakobson 1960/1987: 62–94; Sebeok 1991: 29; Lotman 1990: 21–33).[1]

Each of these six factors must be present in any communicative act, but their relationship to each other will shift from act to act. That is, the dominant factor (or factors) of a communicative act is not a constant, but negotiated in each instantiation. To illustrate how this model works, note the following example:

> "Why is it that you always say "husband and wife' and not "wife and husband?"'
> "Because it sounds better."
> "But 'Hubble and Willy' and 'Willy and Hubble' both sound okay, so it can't really be about the sounds themselves, right?"

In this example, the content is focused around a discussion of the *code* itself, thus making the code one of the dominant characteristics of the exchange. The mode of contact is a basic "question and answer" format in spoken dialogue. The author, if this is from a written text, will most often be a third party, not one of the speakers/addressees in the dialogue. We have no direct information about the context, we know nothing about the speakers/addressees, but we can state that the utterances are in contemporary standard English. One must read the entire exchange in order to postulate some of the possible meanings of the discourse beyond a literal rendering of the questions and answer. So, for example, this exchange *could be* about lexical gender categories and a tendency to put the male referent in front of the female referent. If this is the case, then the *message* and *code* share dominant roles in the communicative act.

Now consider the following dialogue for translation:

> "What did you do last night?"
> "A friend came over and brought me an autographed copy of Petrushevskaya's latest collection of short stories."

Here, the target language may require additional information that the English text does not directly state. So, in the case of a TT in Russian from an ST in English, we would have to note several things as we initiate the translation process, including:

(1) "Last night" in English may refer to the time after 5 p.m. (approximately) and end around midnight. In Russian, we have to decide if the event occurred before midnight or after (give or take an hour or two). The two best options include: (a) yesterday evening – *вчера вечером* and (b) last night after midnight (sometime between midnight and "four-ish" in the morning) – *сегодня ночью*.

(2) Russian has several options for the term "friend" in English.

(3) Russian has grammatical gender, which means it is essential to reveal the gender of the "friend" in five out of six typical lexical options (знакомая, знакомый, приятель, приятельница, подруга, друг). (Note that the term друг may refer to either sex in the meaning of "very close friend".)

(4) Verbal *aspect* in the Russian verb requires the translator to make a call about whether the "friend" came over and stayed/spent the night or left. The same principle applies to the fate of the collection of short stories, as well.

These four points are heavily about the CODE, but also involve the intended MESSAGE and CONTEXT. If we reimagine the TT in the framework of our communicative act model, the remaining essential properties of the translation process (i.e. addresser, addressee, contact) come to the fore. For example, imagine a situation where the addressee of the TT was a college student and that the original question was asked by her/his parent. In such a context, the additional codified information required by the grammatical and lexical codes of Russian would significantly change the amount of information revealed. In translating from Russian ST to English TT, the translator would still be challenged to answer all of the questions posed above, but the resolution would be more straightforward since, in this case, the level of grammatical specificity embedded in the Russian ST is greater than in the English TT.

Beyond all of these factors, it is essential to realize that there are *grammaticalizations of pragmatic functions of a text* that may be very different from ST to TT. In the case of contemporary standard Russian, it is not common for a speaker to refer to a "friend" as друг in the presence of interlocutors that are not close to the speaker. In such cases, speakers will often choose a more neutral term (cf. приятель, приятельница, знакомый, знакомая). This takes us back to our *communicative act model. It matters who is listening/reading and to whom the message is spoken/written.*

Any text is, thus, a conglomerate of elements that come together to convey meanings from one set of participants to another. In general, the text assumes that the addresser(s) and addressee(s) share important linguistic, cultural, and contextual information. It is essential that the translator is sensitive to all of these aspects of the text in order to understand the ST, and develops the appropriate strategies in the translation process to produce a TT. By having a realistic understanding of the multivariable nature of any given text, the translator becomes the master of the process, and not its victim.

It would be difficult to find a work on translation that did not mention Roman Jakobson's 1959 article, "On linguistic aspects of translation" (1959/1971: 260–6). This work is usually evoked as an example of the desire to achieve *equivalence in meaning* in translation. Jakobson's description includes three primary modes of translation: (1) intralingual – translation within one language, "rewording"; (2) interlingual – translation between different languages "translation proper"; (3) intersemiotic – translation between different sign systems (may or may not include human language as one of the two), "transmutation" (1971: 261). An example of intersemiotic would be common activities like a raised hand in class indicates that the student wishes to be recognized by the instructor. A more exotic example is the Eifman ballet based on Dostoevsky's novel, *The Brothers Karamazov*. Not all of the brothers made it into the ballet version.

Jakobson identifies these different linguistic modes of translation to make the point that translation is an important part of all communication, both within one language and across verbal and other sign systems. Furthermore, he acknowledges that it is almost impossible to find true equivalences in translation (1971: 261–2). His central point is that the translator will inevitably have to deal with the code-based categories (grammatical and lexical) that are critical to the structure of any language (1971: 263–5). This framework is descriptive, not analytic, and focuses primarily on the **linguistic code**.[2] Later theories of translation often shift the focus to more pointed questions about semantics and pragmatics of the socio-cultural context.

Peter Newmark's (1981) work continues in the tradition that equivalence, while desirable, is not an achievable goal. Thus, he suggests a change in terminology and focus with the introduction of the following terms: (1) communicative translation – fundamental goal is focus on the addressee/reader of the TT, such that (s)he is affected comparably by the ST as a one would be affected by the TT; (2) semantic translation – fundamental goal is to duplicate the context-driven meaning as closely as possible (the focus "remains within the original culture" (1981: 39, see also 39ff.). The trend is for communicative translation to be more generic and simple, while semantic translation is more complex and detailed (ibid.). The difference between the two is one of "emphasis rather than kind" (1981: 23). Newmark's method of translation values "word-for-word" translation if at all possible and his approach is very focused on the linguistic *code* and its effect on the *addressee/reader*.[3]

Both Jakobson and Newmark make important contributions in the early stages of the development of the field of translation studies. They also acknowledge the difficulty, if not the impossibility, of full equivalences in translation and provide strategies for practical application (especially Newmark). We would suggest that these early works may take on new life if contextualized within a multifaceted and *dynamic communicative act model* with an array of different dominant factors. Our CAM serves as a constant reminder that there will always be multiple, complementary, and often conflicting, features of any oral or written linguistic transmission. Different goals, purposes and biases will require a change in the configuration of the key factors of any speech act in translation.

One of the common methods of intralingual and interlingual translations involves what often involves an abbreviating of the original text, which is called a *gist translation*. There are several types of translations that may fall under this cover term, such as retelling the ST in one's own words, paraphrasing, abbreviating to the central message, and producing a short TT based on the translator's interpretation of the goal of the ST. *Exegetic translation*, another type of translation that brings to bear the individual translator's knowledge of the two cultures in question through additional elaboration in the TT (as opposed to abbreviation), also plays a central role in the process of translation. These additions found in exegetic translation do not have to result in a longer TT, but often do. In many cases, translations will be hybrids of these two basic types.

The first set of exercises will be devoted to intralingual translation. The purpose of this exercise is to allow the student to learn to articulate properties of translation that are essential when working within a single language. The passage given below can be understood without a significant amount of contextual information.

Practical 1.1. Intralingual translation

**Written by Carlisle Harvard, abridged
from the Duke University Bulletin (2005–6)**

> International House serves as the center of co-curricular programs for internationals and U.S. Americans interested in other cultures and peoples. The mission of International House is: (1) to assist internationals and their families with orientation and acclimation; (2) to enhance cross-cultural interaction through programming and community outreach, and (3) to provide advocacy and support for the university international community. The university enrolls over 2,000 international students from more than 85 countries. The International House offers intensive orientation programs at the beginning of each semester for newly matriculating students. Other support programs for international students include the International Friends Program, which pairs internationals with local families to promote friendship and cross-cultural learning, and Global Nomads, an organization for people who have lived outside their passport country because of a parent's career choice. All students on campus are invited to a Friday Coffee Hour, a time for students to come together for refreshments and conversation.

1. Refer to the communicative act model given at the beginning of the chapter and identify the following: (a) the six factors based on available information; (b) the dominant features of the text (using CAM).
2. Rewrite the passage with the following factors in mind: (a) you work at the International House and you are sharing this information with persons who have never attended college; (b) you are sharing this information with someone who is looking for employment at the university's International House; (c) you are sharing this information with an international student who has just arrived on campus with superior English language proficiency; (d) you wish to share this information with a new international student who has difficulty in speaking and understanding English; (e) you wish to share this information with a new international student from Russia who has difficulty speaking and understanding English.
3. What is the genre of the ST? What is the genre of the TT?

Practical 1.2. Interlingual translation

Have students choose one of these two Russian literary texts from the early twentieth century for their class assignment. The remaining text can be assigned for homework.

1. Identify the central features of the ST content, grammatical forms, syntax, and lexical forms.
2. Compare the ST and TT and identify differences in the two texts that lead to: (a) additional meaning in the TT; (b) loss of meaning in the TT; (c) negligible changes in meaning from ST to TT.
3. Identify the factors that have resulted in a TT that is longer than the ST.
4. The excerpt given here is from the final paragraphs of Vladimir Nabokov's short story, 'Chance'. Aleksej Lužin, the main character of the narrative, is going to commit suicide at the very end of the story. Does this additional information have any impact on (a) your interpretation of the ST, and (b) on your interpretation of the relationship between the ST and TT?

Vladimir Nabokov, «Sluchajnost'». Владимир Набоков
«Случайность» (1924) – Владимир Набоков: Собрание
сочинений русского периода в пяти томах, vol, 1
(St Petersburg: Izd. Simpozium, 2000), 69

ST

Рыжий, востроносый Макс вышел на площадку тоже. Подметал. В углу заметил золотой луч. Нагнулся. Кольцо. Спрятал в жилетный карман. Юрко огляделся, не видел ли кто. Спина Лужина в пройме двери была неподвижна. Макс осторожно вынул кольцо; при смутном свете разглядел прописное слово и цифры, вырезанные внутри. Подумал: «По-китайски…». А на самом деле было: «1 августа 1915 г. Алексей». Сунул кольцо обратно в карман.

TT

У Макса были рыжие волосы и острый нос. Он вышел на площадку вслед за Лужиным, чтобы подмести и убрать мусор. Вдруг его внимание привлек золотой блеск в углу площадки. Нагнувшись, он увидел кольцо, которое тут же и спрятал в карман своей жилетки. Он быстро посмотрел вокруг(осмотрелся), чтобы убедиться, что никто не видел, как он поднял с полу кольцо. Лужин стоял к нему спиной и не двигался. Тогда Макс тихонько достал из кармана кольцо, стараясь разглядеть слово, вырезанное прописными буквами и какие-то цифры внутри кольца. На площадке было довольно темно, и ему показалось, что написано было по-китайски. Но на самом деле написано было по-русски: «1августа 1915 г. Алексей . . . » Не задумываясь, Макс положил кольцо в карман.

Ivan Bunin «Derevnja»: Иван Бунин «Деревня» (1910) – Полное собрание сочинений, vol. 1 (Kaliningrad: Jantarnyj skaz, 2001), 564

ST

Впоследствии узнали, что и правда совершилось чудо: в один и тот же день взбунтовались мужики чуть не по всему уезду. И гостиницы города долго были переполнены помещиками, искавшими защиты у властей. Но впоследствии Тихон Ильич с великим стыдом вспоминал, что искал и он её: со стыдом потому, что весь бунт кончился тем, что поорали по уезду мужики, сожгли и разгромили несколько усадеб, да и смолкли. Шорник вскоре как ни в чём не бывало опять стал появляться в лавке на Воргле и почтительно снимал шапку на пороге, точно не замечая , что Тихон Ильич в лице темнеет при его появлении: однако ещё ходили слухи, что собираются дурновцы убить Тихона Ильича.

TT

Потом узнали, что на самом деле случилось невероятное: крестьянские бунты прошли почти по всей области в один день. Испугавшиеся помещики надолго заполнили гостиницы города, пытаясь найти защиту у городских властей. Позже Тихон Ильич не раз с большим стыдом вспоминал, что и сам он искал этой защиты. Ему было стыдно, потому что ничего особенного, как он думал, не случилось. Мужики сожгли и разрушили(разграбили) несколько богатых домов, накричались вдоволь и разошлись. Скоро после этого шорник стал как и раньше (до беспорядков) приходить в магазин на Воргле, будто ничего не случилось. Увидев Тихона Ильича, он каждый раз кланялся при входе в магазин, не обращая внимания на то, как Тихон Ильич, увидев его, меняется в лице, еле сдерживая ненависть: все-таки до Тихона Ильича доходили разговоры о том, что крестьяне из деревни Дурново хотят его убить.

Practical 1.3. Gist translation

1. Pick one of the following excerpts from online Russian media and provide a gist translation. Imagine that the target audience is the class itself.

2. Comment on any punctuation or other parts of the formal structure of the text that are specific to Russian.

Excerpt 1, from BBC Russian.com, 4 April 2007

В 2009 году Россия и Китай отправят к Марсу космический корабль, который выведет на марсианскую орбиту китайский спутник и высадит на Фобос российский исследовательский аппарат.

Договор предусматривает, что российская ракета отправит к Марсу российский и китайский аппараты.

Примерно через десять-одиннадцать месяцев после старта, когда ракета достигнет цели, на орбиту Марса будет выведен китайский спутник. При этом российский аппарат, в разработке которого принимают участие китайские ученые, высадится на Фобос – марсианскую луну – и возьмет пробы грунта для отправки на Землю.

Excerpt 2, T. Valovich, 26 March 2007, svobodanews.ru

Межгосударственный авиационный комитет продолжает расследование катастрофы самолета под Самарой. На месте аварии вертолета Ми-8 в Коми спасатели продолжают искать второй бортовой самописец. По мнению экспертов, прошлый год для российской гражданской авиации стал критическим. Состояние отрасли таково, что если подготовке пилотов и развитию самолетостроения не придать статус еще одного национального проекта, года через три количество происшествий в гражданской авиации может вырасти в разы. Это мнение петербургских экспертов, которое они решили озвучить после серии очередных происшествий на российских авиалиниях.

Одним из основных условий безопасности полетов эксперты считают состояние техники. «У нас сейчас летают примерно 2,5 тысячи воздушных судов, выпущенных в 60-70х годах. Они выполняют порядка 60-62 процентов всех пассажироперевозок. Если говорить о новой технике российского авиапрома – с 1990 года по сегодняшний день поставлено всего 36 новых воздушных судов. Они перевозят порядка восьми процентов пассажиров.

Chapter 2

Preliminaries to translation as a product

In the preliminary chapter, we have introduced the key concepts required to initiate the translation process. The present chapter will focus on the culminating result of translation, the product. As we discussed in Chapter 1, there are multiple factors that play a central role in the translator's decisions about the creation of the TT. We will review these factors and their impact on outcomes below.

The communicative act model, source texts, and target texts

The translator's first task is to determine which primary goals must be reflected in the TT. One way to begin this task is to imagine each of the six factors of CAM and determine the content and potential hierarchies within each of the units:

author(s) (including *intention, purpose/goal*);
audience (including the *addressee(s)* and *intended/unintended participants*);
contexts (including *referent(s)* and the more general *socio-historical and cultural* contexts);
code (including the *language, register, dialect features*);
message (as *content* AND as *aesthetic*);
channel (including *mode of contact* and how contact is initiated and/or maintained).

If we begin this process using CAM as a heuristic, then we see clearly the types of questions that must eventually be answered in order to produce a viable TT. This list is not exhaustive, but rather is presented to demonstrate the complexity of initiating the translation process.

Channel: (1) Decide whether the text is ORAL or WRITTEN, (2) the medium of exchange (phone, face-to-face, lecture, newspaper, book, internet, etc.), and (3) the genre of the text. The question of genre overlaps with some of the other factors, including authorial goals, the target audience, and the cultural context, to name a few.

Message: (1) Is it primarily information-based? (2) Does it have a significant aesthetic component?

Code: (1) Identify specifics of language – standard oral or written forms, dialect components, substandard (просторечие) components, etc. (2) Identify level of difficulty (this point is important for selection of texts for educational purposes, including proficiency and achievement testing).

Context: (1) How understandable is the text without the addition of extra-textual socio-cultural information?

Audience: (1) Who is the target audience? (2) What is the range of the target audience? (3) Are these points discernible from the text itself?

Author: (1) What is the purpose of the text? (2) How important is authorial intention in the given text? (In some texts, the author's intentions may have very little effect on the ST.)

What each of these sets of questions points to is a group of overriding decisions that the translator will have to make at the onset, the most important one being about a *preference* (or *bias*) for either the *source language* (**SL**) or the *target language* (**TL**). We will first consider the extreme positions, and then the more moderate positions on the continuum between SL and TL preferences.

ST preference

If the translator's ultimate goal is to preserve as much as possible from the ST, then the resulting TT is generally referred to as *literal*. Other terms that may arise in this type of ST bias include *interlinear* and *word-for-word* (also called *подстрочник* in Russian). Nabokov was famous for his attempt to do a successful literal translation of Pushkin's epic poem, *Eugene Onegin (Евгений Онегин)*. The result of a TT based on this extreme is usually a text that is very difficult to read and understand by the TL audience unless the reader of the TT also knows the language of the ST well.

(Examples of these differences are given following the next section.)

TT preference

If the translator's ultimate goal is to produce a TT that reads as if it were written originally in the TL for the culture and speakers of the TL, then we have to do with what is often referred to as *free translation*. In free translation, it would be impossible to produce a *back-translation* from TT to ST that would bear any resemblance to the original ST. (Back-translation reverses the direction of translation, originally ST > TT, to TT > ST.) Note that *free translation* is only "free" in a very relativistic way. It is common in linguistics to speak of degrees of freedom within the hierarchical structure of any language, where there is no individual speaker freedom at the phonemic level of language, almost no freedom at the grammatical level and some degrees of freedom occurring at the lexical, utterance and discourse levels. Even at the lexical and discourse levels, the degrees of freedom are greatly restricted and vary from utterance to utterance. For example, when translating from a ST to TT where the ST is full of collocations, proverbs, and sayings, the options for rendering these set expressions in the TT are very limited. Thus, any TT produced from an ST would be restricted in a similar fashion, with greater restrictions at the phonemic and grammatical levels, and lesser restrictions at the lexical and discourse levels.

Between the extremes described directly above, there are multiple points along the continuum that could be selected for specific types of intermediate types of ST/TT relationships. Hervey and Higgins suggest three points along the continuum between a *literal* (ST preference) and *free* (TT preference) for the TL (2002: 16): *faithful*, *balanced*, *and idiomizing*.

Source language				Target language
*	*	*	*	*
Literal	Faithful	Balanced	Idiomizing	Free

An *idiomizing translation*, a term given by Hervey and Higgins that is distinct from "idiomatic," gives a TT that is closer to the sound shapes, grammatical patterns, and collocations of the TL while being sensitive to the content of the ST (ibid.). In contrast, a *faithful translation* would yield a TT that is closer to the sound shapes, grammatical patterns, and collocations of the SL. A *balanced translation* is an idealized middle ground that attempts to preserve the most salient aspects of the SL, ST, and TL in the resulting TT. These types of translations are general targets and not exact outcomes.

The best way to understand these five types of relationships between the source and target is through a simple set of examples. Note the following example of the five types of translation based on the following Russian passage:

Нам такая помощь не нужна. Это медвежья услуга.

Literal: To us such help is not necessary. This is bear service.
Faithful: Such help is not needed by us. It is the same as if a bear would help.
Balanced: We don't need that kind of assistance. It isn't helpful.
Idiomizing: That's not the kind of help that we need. It's useless.
Free: We don't need your help. What you propose is pointless.

The grammatical transpositions that occur between ST and TT increase as we move from a SL preference to a TL preference. The literal translation seems almost incomprehensible to the average English speaker, while the free translation completely obliterates the fact that there is an idiom given in the original ST (медвежья услуга). The first two translations retain the use of the dative constructions for the logical subject; the dative case is required by the short form нужна. However, retention of this grammatical aspect of the ST is clearly a nod in favor of the SL at the expense of the TL.

Once we get to the level of *faithful translation* the reader has a good idea about the semantics of the ST, but there is no linear movement to a closer equivalence to the ST in the following three TT; rather, they move toward the TL is non-linear ways. For example, the use of contractions occurs in three of the translations. Russian does not have grammatical contractions of this nature, and the use of contractions in English could signal for many speakers a variety of phenomena, including oral, colloquial presentations, spoken or written dialogue, but not formal written prose.

Minimizing difference: the axiom of reconciling equivalence and loss in translation

Hervey and Higgins (2002: 18–25) articulate the philosophy of **minimizing difference** as a central goal of translation, regardless of the languages involved. The goal of minimizing differences between the ST and TT is more realistic than its alternative, *maximizing sameness* (2002: 20). As Hervey and Higgins eloquently state (2002: 21):

> … translation loss is not a loss *of* translation, but a loss *in* the translation process. It is a loss *of* textual effects. Further, since these effects cannot be quantified, neither can the loss. So, when trying to "reduce" it, the translator never knows how far still to go. This is why one can sometimes go on infinitely translating the same text and never be completely satisfied.

Such a viewpoint dovetails with our ***communicative act model***, where we break down the relationship between the ST and TT into a series of minimal factors that are ever present in each and every linguistic speech act; however, the relationship between the factors is constantly under renegotiation as the text is engaged by new users (which includes both the translator(s) and the audience/addressees).

Parameters of loss in translating from Russian into English

As we discussed above, the varying degrees of freedom in the hierarchically given levels of human language are complex, non-linear, and inevitable. This is true within one language (which is always a multiplicity of speakers, hearers, registers, dialects, goals of the utterance, cultural contexts), and even more so as we move between different languages. There are specific structural features of Russian grammar, morphology, and syntax that the translator must grapple with when translating any kind of text. These features are extremely prevalent, regardless of genre, and understanding these constructions is fundamental to producing successful translation texts. (More information on specific morphological and grammatical translation issues is discussed in Chapter 7.)

The importance of word formation in the semantics of CSR

One of the most common problems in translation will be encountered at the level of word formation. There are many fewer roots in Russian across parts of speech than one finds in English. This is the result of the rich and productive word-formative processes that define the structure of the Russian language. In many instances, a single Russian lexical form will have multiple and different English equivalents. Note the following examples:

говорить	speak, talk, say
наговориться	talk one's fill
разговорить (кого)	get someone to become a part of the conversation
заговориться	be lost in talking, be completely consumed by a conversation
передумать	change one's mind, rethink
невеста/невестка	fiancée, bride to be/daughter-in-law
мать/матка	mother/womb, uterus; mother (dialect form)
ручка	pen, handle, little hand

Verbal government and case usage

Every verb has a series of cases with which is may be used. There will be significant differences in terms of the logical case required between Russian and English, as well as more specific semantic differences associated with specific cases. Note the following examples:

i.	говорить кому, с кем, о ком, о чем	speak/talk/say to someone, with someone, about someone, about something
ii.	Она его встретила улыбкой	She greeted him with a smile (by means of a smile, and nothing else)
	Она его встретила с улыбкой	She greeted him with a smile (possibly with words and also together with a smile)
iii.	Нина не слушает меня.	Nina doesn't listen to me (English indirect object vs Russian object in the accusative)

| iv. | Оля влюбилась в Колю. | Olya fell in love with Kolya
Olya has fallen in love with Kolya*
Olya had fallen in love with Kolya
(multiple verb forms possible
corresponding to the one form of the past
tense perfective in Russian; verbal
government requires difference in
preposition & case; note the assimilation
of the prefix /v/ and the preposition /v/) |

* Word of warning: *has been* + *-ing* verb form in English generally corresponds to the Russian present tense ("Oleg has been living in Moscow for three years" – Олег живет в Москве три года).

Word order

Russian, as a typical Indo-European case language, allows for greater flexibility in syntactic ordering than English, but requires greater specificity in the relationship between verbal predicates. So, while CSR allows SOV and SVO word orders, and even OSV, OVS, VSO on occasion, a change in word order not only changes the tone of the utterance, but may profoundly change the referential meaning:

> **Мы должны им** сказать, что мы не можем приехать.
>   We should tell them that we cannot come.
> **Мы им должны** тысячу евро.
>   We owe them a thousand euros.
> Нашей коллеге **сорок пять лет**.
>   Our colleague (female) is 45 years old.
> Нашей коллеге **лет сорок пять**.
>   Our colleague (female) is about 45 years old.

Grammatical gender

All CSR nouns, both declinable and indeclinable, are marked for one of three genders: masculine, neuter, feminine. The relationship between declension and gender for declinable nouns is as follows:

First declension	Second declension	Third declension
(zero ending and o/e)	(a/я endings)	(zero ending, stem ends in –ь)
masculine, neuter	feminine, masculine	feminine only

In addition to these relationships, there are some second declension nouns that are **epicene** (i.e. both feminine and masculine) (cf. судья – judge, убийца – murderer). In addition to gender, all CSR declinable nouns are marked for case and number.

There is no gender signaled in the plural. Not all case forms provide distinct desinences for each of the declensions or genders (cf. locative singular in -e for first and second declension, all three genders).

All adjectives in Russian must agree with the head noun of the phrase in gender, case, and number. In the case of epicene nouns, both masculine and feminine agreement gender is allowed. (In some cases, the masculine agreement form will be strongly preferred even with epicene nouns, e.g. Ирина Ивановна – хороший судья.)

Indeclinable nouns are always neuter and do not give case or number. There are a few indeclinable nouns that are both masculine and neuter in colloquial standard Russian (CSCR), namely: кофе, какао, такси.

Verbs show grammatical gender only in the past tense form (along with number). All non-past conjugated verb forms signal number and person. Participles are also referred to as *deverbalized adjectives* and behave grammatically as adjectives.

The accusative/genitive tension and the absence of indefinite and definite articles

The Russian case system can produce, in some instances, *similar effects* to those found in the use of English definite and indefinite articles. The clearest example of this similarity is found in the tension of usage between the accusative and genitive cases after negated verbs. Note the following examples:

Я автобус не видел.	I didn't see the bus (the one we were expecting)
Я автобуса не видела.	I didn't see a bus (any bus)
Я не слышала эту оперу.	I haven't heard that particular opera.
Я не слышала этой оперы.	I've never heard of that opera.
Он боится Лену.	He is afraid of Lena.
Он боится темноты.	He is afraid of the dark.

Impersonal constructions

Impersonal constructions, where the logical subject, if given at all, is given in the dative case, and verbal agreement is in the neuter third person singular form, are an important phenomenon of sentence-level Russian discourse. The major categories in which impersonal constructions abound are given below.

(1) Expressing age

Ему пятнадцать лет.	He is 15 years old.
Ирине вчера исполнилось двадцать три года.	Irina turned 23 yesterday.

(2) Reflexive verb forms and a sense of powerlessness

Мне не спалось (Compare with: Я не спал(а).)	I couldn't sleep (vs I didn't sleep)

(3) Expressions of weather and nature and human perception of temperature

Дует.	There's a draft.
Дождит.	It's raining. (also дождь идет, идет дождь)
Морозит.	It's freezing (outside).
Моросит.	It's drizzling (outside).
Мне холодно.	I'm cold. (Compare with: Вы – холодный, бесчувственный человек. You are a cold, unfeeling person.)

(4) Psychological and physiological states

Нам грустно.	We are sad.
Игорю было скучно на лекции.	Igor' was bored at the lecture.
Меня знобит.	I've got the chills.
Мне нездоровится.	I'm not well.
Лену тошнит.	Lena is nauseous (feels like throwing up).
У нее заложило уши.	Her ears stopped up.
Его клонит в сон.	He can't keep his eyes open (he's about to fall sleep).
У Саши потемнело в глазах.	Everything went dark, and Sasha passed out.
У папы звенит в ушах.	Father has a ringing in his ears.
Сару бросает в жар.	Sara has broken out in a fever.

(5) Use of infinitives for questions and commands
(Notice that English often inserts modal constructions in translating these impersonals.)

Вам помочь?	Can I help you? Do you need some help?
Заказать тебе такси?	Can I get you a cab? Should I order you a cab?
Положить еще?	Would you like some more food?

Не сходить ли нам в кино в субботу?	How about going to the movies on Saturday?

Conjunctions

It is often complicated to render the English conjunctions "and" and "but" into Russian, given the fact that Russian has three distinct lexemes for these two terms: и (and), а (and, but), но (but). The difference between the conjunctions **а** and **но** is one of degree such that the (1) **но** sets up the relationship between two parts of the sentence that are being *maximally contrasted*, where each part is independent (Говорят, что он – русский, но он (же) китаец), while (2) **а** gives a more *integrative relationship* between the two elements, thus often bringing together extremes (Это белое, а это черное; он – китаец, а говорят, что он – русский). The conjunction **и** is the most integrating and sets up equal relationships between the two parts of the utterance.

Read the following examples carefully and select the example that best corresponds to the following contexts:

(1) I was afraid until the last minute that they wouldn't buy the car, but I still refused to reduce the price.
(2) I was absolutely opposed to reducing my price on the car, and I wasn't going to lower the price, even if it meant that they would not buy the car.
(3) As expected, they tried to get me to lower the price at the end of our negotiations, but I decided not to. [Note: подвинуть, which literally means 'move a little bit' is being used in these examples in its figurative meaning 'lower the price' (снизить цену).]

а. В последний момент они пытались меня подвинуть, но я отказалась. Все равно они купили машину.
б. В последний момент они пытались меня подвинуть, а я отказалась. Все равно они купили машину.
в. В последний момент они пытались меня подвинуть, и я отказалась. Все равно они купили машину.

Practical 2.1

Let us consider one more translation example that impacted forty years of foreign policy in the United States and Europe. It is an expression used by Krushchev relatively frequently, including in his meeting with Nixon at Sokolniki in 1959, during his 1959 visit to the USA, and during a speech at the United Nations Assembly on 25 September 1960: **Мы вам покажем кузькину мать**.

Krushchev's personal translator decided to select the literal version and used the term "Kuzma's mother." Unfortunately, no one understood what this meant, and eventually non-Soviet translators with knowledge of Russian decided to embellish a bit and gave us the famous mistranslation: "We will bury you."

This single mistranslated phrase became one of the most often quoted statements by a head of the Soviet Communist Party and was used as a source of fear for an entire generation of Americans and Europeans. The moral of this story is multifaceted: (1) literal translations may not produce any real meaning in the TL; (2) the belief system of the translator can have a significant impact on the way he or she translates, especially if he/she is translating from the language of the enemy; (3) a more appropriate translation of the phrase would have been "We'll show you!" The register of this expression is very colloquial, not very collegial, and, when uttered by a person who is beating the podium with his shoe, could be perceived as a threat.

In fact, Krushchev himself came to his translators' aid during his 1959 US visit:

Что вы, переводчики, мучаетесь? Я всего лишь хочу сказать, что мы покажем Америке то, чего она никогда не видела! (From A. Vandenko's interview with V. Suxodrev, "Ne vse zoloto, čto molčit", http://www.peoples. ru/state/citizen/suhodrev/ Note: Suxodrev's title is a play on a standard Russian proverb, Не всё золото, что блестит – *all that glitters is not gold*.)

1. Characterize the type of intralingual translation given directly above of Krushchev's explanation of the saying Мы вам покажем кузькину мать.
2. Translate Krushchev's explanation into English.
3. What role does Krushchev's own Russian–Russian translation contribute to the communicative acts using this Russian idiomatic phrase.
4. Why did Krushchev's translator have such trouble deciding on a translation of this phrase?

We continue the topic of translation loss and equivalence by working with two sets of texts given below that utilize, first prefixed verbs and verbal adverbs, and second, a large number of examples of one prefix with multiple roots.

Practical 2.2

1. Translate each text into English and explain what types of transpositions of verbs, deverbalized adjectives and verbal adverbs were required in moving from the ST to TT. The first excerpt is from D. Doncova's novel, Ангел на метле (2008) 310–11.
2. What strategies are necessary to adequately render verbal aspect in the TT?
3. Discuss the lexical changes required in generating the TT.

4. Explain the use of names in the Russian ST, what information they provide about the relationships between the speakers; give multiple possible translation options for these names in the TT and explain what types of loss are present.

5. How would you characterize the register of speech used when Sveta's indirect speech is evoked in the passage?

Света, не выдержав прессинга, пожаловалась маме, но Аня неожиданно встала на сторону свекрови.

-Вера Ивановна тебе добра желает, - сказала Аня, - потом спасибо ей скажешь.

Старуха, почувствовав поддержку невестки, окончательно распоясалась и начала рыться у внучки в вещах и ябедничать сыну:

-Ой, присматривайте за девкой, она нехорошим занимается! Откуда у нее новые колготки? А пудреница? Мы ей денег на это не давали, где взяла?

Подстегнутый матерью Иосиф устраивал падчерице допросы и выжимал из нее правду: колготки она стащила у подруги, а пудреницу сперла в магазине.

-Ой, беда, - шипела Вера Ивановна, демонстративно запирая в секретер коробочку с «хозяйственными» деньгами, - воровка растет! Нахлебаемся мы с ней! Наездимся на зону! Наплачемся!

Practical 2.3

1. Translate the following poem by M. Cvetaeva (dedicated to B. Pasternak, 24 March 1925. The ST is from the collection, Марина Цветаева: Собрание сочинений в семи томах, vol. 2, Стихотворения, переводы (Москва: Эллис Лак; 1994) 258–9). Do not be concerned with preserving the sound or rhythmic textual levels; rather, focus on content. The TT is from the collection, *Marina Tsvetaeva: Selected Poems*, trans. and introduced by Elaine Feinstein, (revised and enlarged 5th edn, Manchester: Carcanet Press, 1999).

2. Is there a strategy that will allow you to preserve the use of the prefix раз- in translating from Russian to English? Is it possible in all cases? Explain.

3. Critique a professional TT of this poem. Identify cases of translation loss and the degree of loss. Explore the semantics of the verb forms with the раз- prefix.

4. What attempts are made in the TT to preserve the structure of the ST?

ST

Рас-стояние: версты, мили . . .
Нас рас-ставили, рас-садили;
Чтобы тихо себя вели
По двум разным концам земли.

Рас-стояние: версты, дали . . .
Нас расклеили; распаяли,
В две руки развели, распяв,
И не знали, что это – сплав.

Вдохновений и сухожилий . . .
Не рассорили – рассорили,
Расслоили . . .
                    Стена да ров.
  Расселили нас как орлов –

Заговорщиков: версты, дали . . .
Не расстроили – растеряли.
По трущобам земных широт
Рассовали нас как сирот.

Который уж, ну который – март?!
Разбили нас – как колоду карт!

TT

Distance: versts, miles . . .
divide us; they've dispersed us,
to make us behave quietly
at our different ends of the earth.

Distance: how many miles of it
lie between us now – disconnected –
crucified – then dissected.
And they don't know – it unites us.

Our spirits and sinews fuse,
there's no discord between us,
though our separated pieces
                                lie outside
the moat – for eagles!

This conspiracy of miles
has not yet disconcerted us,
however much they've pushed us, like
orphans into backwaters.

– What then? Well. Now it's March!
And we're scattered like some pack of cards!

Practical 2.4

For Jakobson, it was important to remember that it is not useful to talk about what a language cannot do; rather, ***any language can say anything*** (Jakobson actually says "everything" – we have modified this a bit), ***but some languages make you say certain things***. In the following ST, (1) point out the aspects of the text that the grammatical structure of Russian requires and then (2) discuss how your TT will deal with each of these ST-based structures. (The text is from S. A. Šmakov, *Ее величество – игра* (Moscow, 1992) 36–7.)

> Игра сейчас встает в строй самых жгучих проблем человечества. Без нее невозможно нормальное развитие мозга и тела. Неиграющий ребенок – опасно болен . . . Экспериментально проверено на молодняке животных, если их сознательно лишают игровой двигательности, их вес резко уменьшается, мозг развивается хуже. То же и у детей. Лишенные игр, они теряют те или иные качества мышления, попросту не развиваются. По свидетельству психологов, дети, только что поступившие в первый класс, недостаточно наблюдательны: не могут точно, интересно, подходя с разных сторон, рассказать о птице или растении, на которое смотрят. Диагноз – не доиграл . . .
>
> Фантазия, логика, воображение, интуиция, реактивность – все это из игры.

Practical 2.5

In the final exercise in this chapter, there are three versions of an excerpt from A. Pushkin's *Eugene Onegin*, often called a novel in verse. The first two versions are in Russian, one being the original Pushkin text (ST1) and the second the musical lyrics set to Tchaikovsky's music in the opera of the same name (ST2). The third text is a translation of the lyrical text into English (TT2).

1. Explain the changes in meaning, style, grammar, and lexicon from ST1 to ST2. Identify specific types of loss in each of these categories.
2. Compare ST2 and TT2 and identify the levels of freedom manifested in TT2. How would you characterize the product given in TT2? Propose alternative translations for at least five passages within TT2.
3. Do a back-translation of TT2 and compare it with both ST1 and ST2. What are the most striking examples of **minimizing difference** that were not evident when going from ST > TT?

4. Do a back-translation of your own TT2 (see (2)) and analyze the degree of
    success in minimizing difference between your translation and the TT2
    already given.

ST1

Aleksandr S. Pushkin, *Evgenij Onegin, Roman v stixax* **(1831);**
Moscow: Detskaja literatura, 1973, ch. 5, pp. 166–70

XXVIII

И вот из ближнего посада
Созревших барышень кумир,
Уездных матушек отрада,
Приехал ротный командир;
Вошел... Ах, новость, да какая!
Музыка будет полковая!
Полковник сам ее послал.
Какая радость: будет бал!
Девчонки прыгают заране;
Но кушать подали. Четой
Идут за стол рука с рукой.
Теснятся барышни к Татьяне;
Мужчины против; и, крестясь,
Толпа жужжит, за стол садясь.

XXIX

На миг умолкли разговоры;
Уста жуют. Со всех сторон
Гремят тарелки и приборы
Да рюмок раздается звон.
Но вскоре гости понемногу
Подъемлют общую тревогу.
Никто не слушает, кричат,
Смеются, спорят и пищат.
Вдруг двери настежь. Ленский входит,
И с ним Онегин. «Ах, творец!—

Кричит хозяйка: — Наконец!»
Теснятся гости, всяк отводит
Приборы, стулья поскорей;
Зовут, сажают двух друзей.

XXXV

Гремят отдвинутые стулья;
Толпа в гостиную валит:
Так пчел из лакомого улья
На ниву шумный рой летит.
Довольный праздничным обедом
Сосед сопит перед соседом;
Подсели дамы к камельку;
Девицы шепчут в уголку;
Столы зеленые раскрыты:
Зовут задорных игроков
Бостон и ломбер стариков,
И вист, доныне знаменитый,
Однообразная семья,
Все жадной скуки сыновья.

XXXVII. XXXVIII. XXXIX

Но чай несут: девицы чинно
Едва за блюдечки взялись,
Вдруг из-за двери в зале длинной
Фагот и флейта раздались.
Обрадован музыки громом,
Оставя чашку чаю с ромом,
Парис окружных городков,
Подходит к Ольге Петушков,
К Татьяне Ленский; Харликову,
Невесту переспелых лет,
Берет тамбовский мой поэт,
Умчал Буянов Пустякову,
И в залу высыпали все,
И бал блестит во всей красе.

ST2

Waltz Scene from Tchaikovsky's *Eugene Onegin*, Act II, scene 1 (1879); taken from *Opera Choruses*, ed. John Rutter (Oxford: Oxford University Press, 1995), 222–38

Вот так сюрприз, никак не ожидали военной музыки!
Веселье хоть куда! Давно уж нас, давно уж нас
так не угощали. На славу пир, не правда ль господа!
Браво, браво, браво, браво. Вот так сюрприз нам, браво
браво, браво, браво, браво, славный сюрприз для нас.
Уж давно нас так не угощали! Пир на славу, не правда ль
господа!
В наших поместьях не часто встречаем бала весёлого
радостный блеск.
Только охотой себя развлекаем люб нам охотничий
гомон и треск.

Ну, уж веселье, день целый летают по дебрям, полянам,
болотам, кустам.
Устанут, залягут, и все отдыхают, и вот развлеченье для бедных всех
дам, для бедных всех дам.
Давно уж пора бы . . . ну, женишок! Как жалко Танюшу! Возьмёт её в
жёны и будет тиранить. Он слышно игрок.
Он неуч страшный, сумасбродит, он к дамам к ручке не подходит, он
фармазон, он пьёт одно стаканом красное вино.
Боже, что со мной?
Пир на славу! Вот так сюрприз! Пир на славу! Вот так сюрприз! Вот
так угощенье. Веселье хоть куда! Пир на славу!
Вот так сюрприз, никак не ожидали военной музыки!
Веселье хоть куда! Уж давно нас так не угощали.
На славу пир, не правда ль господа! Браво, браво, браво, браво. Вот
так сюрприз нам, браво, браво, браво, браво, браво, не правда ль. На
славу пир, не правда ль.
Да! Военной музыки никак не ожидали мы! Пир на славу, на славу, на
славу!
Веселье, веселье хоть куда! Пир на славу, пир на славу!

TT2

Waltz Scene from Tchaikovsky's *Eugene Onegin*, Act II, scene 1 (1879);
Opera Choruses, ed. John Rutter (Oxford: Oxford University Press, 1995),
222–38, trans. David Lloyd-Jones and Richard Schauer

ALL:	This is superb! We never had expected such splendid company, and dancing to a band!
WOMEN:	We seldom see parties such as this one.
MEN:	What glorious food! What glorious wine! So tasteful, so well planned!
MEN:	Not for years have we seen such a party; everyone should enjoy it while they can!
WOMEN:	Bravo, simply delightful! Bravo! We have never been more surprised!
ELDERLY GENTLEMEN:	Here in the country we live in seclusion; festive occasions and dancing are rare. Hunting is really our only diversion; makes a nice change from the hound and the hare.
ELDERLY LADIES:	That's all our menfolk consider amusing, just shooting and fishing and up with the sun! And then in the evening they're always exhausted, yet we who've been working could do with some fun! She must find a husband. That's him for sure! How sad for Tatyana, for once they are married she'll find he's a tyrant. He gambles, what's more! He's most discourteous and conceited; the things he says can't be repeated! He's a Freemason, so they say, and ends up drunk on wine each day.
ALL:	Such a party! Such a surprise! What delightful dancing! The party's at its height. How delightful! This is superb! We never had expected such splendid company, and dancing to a band!
MEN:	Not for years have we seen such a party. This is truly perfection!
WOMEN:	Bravo, simply delightful! Bravo! Perfection!
ALL:	Beyond all expectation! Hail to music, hail to song! We'll dance and feast the whole night long! Hail to pleasure, to feasting and dancing! We'll dance and feast the whole night long! How delightful!

Practical 2.6. Evaluation of translation product

1. Using CAM and the questions generated at the beginning of this chapter (pages 9–10), select three questions from the list of 12 sample questions, and analyze each of the assignments in Chapter 2 based on those criteria. Be sure to contextualize these points within the parameters of SL or TL preferences that predominate in the TT for each exercise. (This exercise could be divided up so that each student works on no more than two texts.)

2. Using the points given under "parameters of loss in translating from Russian into English", select any three and analyze two of the resulting target texts from those three principal points of view.

Chapter 3

Phonological and graphic issues in translation

Any definition of human language, regardless of one's theoretical affiliation, includes some mention of the mandatory **hierarchical LEVELS** of language, beginning with the smallest units of language and ending with the largest possible units. Most definitions of human language state that the smallest unit of language is the *phoneme*, which is the minimum distinctive unit of speech sound, a bundle of distinctive features (e.g. voicing, vocalic, nasality, consonantal, etc.). Because human language is generally learned through the aural medium initially, preference in definitions of language is given to speech sound. However, it is also acknowledged that the minimum distinctive unit of written language is the *grapheme*.

If we shift our focus for a moment to written language, then it would be useful to note that there are many different alternative graphic systems representing languages of the world. The most common types of writing systems are: (1) phonological systems, where there is some relationship between the sounds and graphics of a language, including alphabets and syllabaries, and (2) non-phonological systems, where the relationship of the writing system is not to the sounds of the language, but to other cultural-defined symbolic systems, including pictographs, ideographs, logographs, hieroglyphics and cuneiform systems. In the case of alphabets, which represents the writing systems of both Russian and English, there is a complex relationship between the individual graphemes and the phonemes of the language. The relationship between alphabet letter and phonemic sound in Russian is closer than the relationship found in the English language, but it is nevertheless not one-to-one. (Contemporary Serbian and Croatian are examples of languages with one-to-one relationships between spelling and pronunciation. No spell checks needed here.) The closer the relationship between letter and sound, the more accessible the writing system is to the average first language (L1) learner, or even second language (L2) learner, starting to read for the first time.

One of the most striking differences between Russian and English is the Cyrillic alphabet versus the Latin alphabet used for these two languages respectively. In fact, many learners are concerned that acquiring the Cyrillic alphabet can be a very difficult task and on this basis alone may prefer to initiate acquisition of a European language that uses a similar alphabet to English. The *Cyrillic alphabet*, named after one of the two Macedonian Greek monks who brought a written script to the ancient Slavs – Cyril and Methodius – was not the original alphabet of the ninth century; rather, the first alphabet of the language of the ancient Slavs (often called Old Church Slavonic, a South Slavic recension) was the *Glagolitic alphabet*. Cyrillic shares many common traits with the Greek alphabet, and also includes possible borrowings from Hebrew.

Orthographic modifications

The 1917 Russian revolution brought with it an orthographic reform in which some alphabet letters were removed completely (namely jat' and the letter /i/) or significantly reduced in usage from the Cyrillic alphabet (the hard sign /ъ/ in word-final position). On occasion, it is still necessary for scholars and translators to deal with texts written in the old orthography, and for this purpose, we will include examples in the exercises in this chapter.

In the post-Soviet era, the use of the hard sign in word-final position has returned in some publications and advertisements. The newspaper Коммерсантъ is also known by the symbol: „ъ".

Different transliteration systems

Any attempt to render Russian-based names or toponyms in English requires the use of one of three common transliteration systems (see table below). Below is an example of each system with commentary. For the purposes of this book, the authors will use system III in all instances except where the English spelling of Russian words has been conventionalized (for example Tchaikovsky, Khruschev, Tolstoy, and others).

	System I	System II	System III
А	a	a	a
Б	b	b	b
В	v	v	v
Г	g	g	g
Д	d	d	d
Е	e[a]	e	e
Ё	yo	e	e
Ж	zh	zh	ž
З	z	z	z
И	i	i	i
Й	y	i	j
К	k	k	k
Л	l	l	l
М	m	m	m
Н	n	n	n
О	o	o	o

(Continued)

	System I	System II	System III
П	p	p	p
Р	r	r	r
С	s	s	s
Т	t	t	t
У	u	u	u
Ф	f	f	f
Х	kh	kh	x
Ц	ts	ts	c
Ч	ch	ch	č
Ш	sh	sh	š
Щ	shch	shch	šč
Ъ	–	"	"
Ы	y	y	y
Ь	–	ʹ	ʹ
Э	e	e	e
Ю	yu	iu	ju
Я	ya	ia	ja

Note
a The Cyrillic letter /e/ may be rendered as /ye/ in System I if it is the first letter of the word.

System I is used primarily by the popular press in reference to proper nouns and toponyms. System II is used by the US Library of Congress and is commonly found in bibliographic entries and scientific texts. System III is the preferred system for specialists in Slavic languages, literatures, and linguistics and attempts to render one symbol per Cyrillic alphabet letter (except for щ).

Note that certain combinations of letters may also show variation in transliteration – see the table below. For a thorough discussion of these transliteration systems, see J. Thomas Shaw *The Transliteration of Modern Russian for English-Language Publications,* (Madison, WI: University of Wisconsin Press, 1967).

	I	II	III
ый	y	yi	yj
ий	y	ii	ij
ия	ia	iia	ija
ье	ie	ʹe	ʹe
ьи	yi	ʹi	ʹi
кс	x	ks	ks

Innovations

Use of other alphabets within Russian Cyrillic texts

It is not a new innovation to find the use of non-Cyrillic alphabets in Russian texts. This phenomenon was quite common in the nineteenth and twentieth centuries, especially with regard to French, Latin, German, and English. In fact, the nineteenth-century Russian aristocracy was often more literate in French than in Russian. At that time, it was considered appropriate to educate one's children in Europe, a trend that has returned in the post-Soviet era, especially among the wealthier new Russians.

In the twenty-first century, it has become common to find hybrid textual forms, especially book titles, and a mixture of alphabets in contemporary literature and media (e.g. book titles like «Духless», «The Телка», «Big Битов», «Облом off», «Generation П», «Table-Talk 1882 года», «It has all been very interesting, или Благопристойная смерть», «Галина РомаNова», and many others).

Lexical borrowings

In the post-Soviet period, the number of lexical borrowings entering the Russian language has dramatically increased in comparison to the Soviet period. According to Verbickaja (2001: 5), almost 2,000 borrowed lexemes per year have been registered since 1986 in contemporary standard Russian (CSR). These borrowings are most heavily represented in specialized vocabulary of technological development and economics, or they are restricted stylistically in many cases to the language of advertisement and media. Note that the number of registered lexical borrowings for the period 1960–85 totals 9,000. Given the large number of recent borrowings, it is important to note that their semantic fields are, in many cases, relatively unstable and the range of available meanings may present special problems in translation.

Abbreviations

While many linguists of the early twentieth century argued that the broad use of abbreviations in Russian was due to the Soviet take-over of Imperial Russia, this phenomenon continues to be very vibrant in the post-Soviet period. (Isačenko was one of the few dissenting voices in linguistics of the mid-twentieth century concerning abbreviations; he demonstrated that this trend had already taken root much earlier and was a continuation of a linguistic trend, not the result of a political revolution.) Translators will often have to deal with abbreviations, and there are numerous reference sources that exist to make this task less onerous – cf. Словарь сокращений русского языка (Moscow: Russian Language Publishers).

Morphological innovations

The result of languages in contact is always change. This is not only true in the case of lexical borrowings and semantic shifts, but also in terms of the fundamental morphology of the language. One of the more interesting examples of morphological shifts due to borrowing is changes in declension and grammatical gender of some forms. While it is certainly true of all Indo-European languages with grammatical gender that those genders may shift over time, it is important to be aware of some of the specific instances of gender shifts. In CSR, there are several areas where gender shifts are possible, including: (1) word-formative suffixes that change gender, often so-called *enlarging* suffixes (cf. дом, домина; город, городище, позор, позорище); (2) re-evaluation of lexeme (cf. лебедь (19th c. feminine > 20th c. masculine); шампунь (feminine > masculine)); (3) colloquial shifts in gender and declension (cf. пузо (neuter), пуза (feminine); тапок (masculine), тапка (feminine)); (4) competing forms within CSR (cf. коробок, коробка 'box'); (5) borrowings of similar roots (cf. манера 'manner', but на английский манер 'as the English do, in the English way'; орбита 'orbit', but Орбит (Orbit® chewing gum)). Both forms of 'manner' were borrowed into Russian through French, but with different grammatical results.

A thorough discussion of the importance of grammatical and morphological categories in translation can be found in Chapter 7.

Poetry and Russian versification

In order to focus on the tension that can occur in any text between the six factors of our communicative act model (CAM), a close look at poetry is a useful exercise. It is in the poetic text that the *tension between the **code** and the **message*** becomes one of the dominants of the genre. In poetic texts, special attention toward the sound structure of the text is often a prerequisite for understanding many standard forms of versification. Aspects of the structural categories given by sound shape of language include a series of well-known phenomena: (1) dissonance, (2) assonance, (3) alliteration, (4) rhythm, (5) rhyme, (6) onomatopoeia, (7) palindrome, (8) "white" (i.e. blank) verse, (9) ellipsis. We will briefly review some of these structural principles that are central to Russian versification, and provide examples of each type. (Mixail Gasparov's Русские стихи 1890-х – 1925го годов в комментариях, which can be found on the web, is a wonderful source in Russian of the structure of Russian versification.)

(1) dissonance – a combination of speech sounds that produce harsh or cacophonic sounds in combination;
(2) assonance – vowel correspondences between words, or rhythm in which only the stressed vowels correspond (consonants may not correspond);
(3) alliteration – multiple occurrences of the same individual sound or combinations of sound at the beginning of a word (Чуждый чарам чёрный чёлн – Bal'mont);
(4) rhythm – regulatory, paradigmatic patterns of metrical consistency in poetry (including long/short, or stressed/unstressed combinations);
(5) rhyme – sound correspondences that occur at the end of words or the end of lines of verse;

(6) onomatopoeia – this is the category that confused Ferdinand de Saussure when he posited his axiom that "the sign is arbitrary." In fact, onomatopoeia (when sound and meaning supposedly converge) is highly language-specific. To prove the point, note the following examples of what are typically considered onomatopoeic forms in CSR and see if the meanings are obvious: квакать, кукарекать, рычать, мычать, мяукать, мурлыкать, журчать, шипеть;

(7) palindrome – a visual symmetry in which lines of verse (or words, шалаш, казак) may be read backwards or forwards. An example from I. Sel'vinskij, given by M. Gasparov:

> И ловит жена манеж «Тиволи»,
> И жокей так снежен скатье кожи;
> А ты, могилка, как лик, омыта:
> Тюлий витер ретив и лют.

(8) white verse – poetic verse with no rhyme;

(9) ellipsis – the non-realization of particular sound or word forms syntactically, where comprehension of the utterance is retained.

Hervey and Higgens (2002: 84–5) discuss the importance of not only the inherent distinctive features of sound that the translator encounters in the actual phonemes and phonemic combinations, but also in the prosodic features, including stress/accentuation, pitch/tone, intonation and expressiveness, and length of vocalic parts of syllables (rendered as contrastive or recurrent segments, or both). In Russian, intonational patterns are closely tied both to the tonic syllable of the word, as well as the sentential utterance (or phrase) itself. Russian intonations in speech may demonstrate leaps at the level of a tonic fifth in questions (the same as going from C to G within one octave), and all declarative sentences in Russian demonstrate a falling intonation on the tonic syllable of the key word in the sentence. Consider the following:

> – Ты вчера ходила в театр? (Question intonational contour (IC) 3 on the stressed syllable of ходИла)
> – Да, я ходила в театр. Спектакль был потрясающий. (Falling intonational contour (IC) 1 on the stressed syllable of ходИла; Falling IC 1 on the stressed syllable of потрясАющий)

In the oral reading of Russian poetry, intonational structures are significantly modified from the standard intonations of spoken Russian and become more like a chant. (For examples of Russian writers and poets reading their own work, see http://imwerden.de/cat/modules.php?name=books&pa=last_update&cid=8.)

Practical 3.1

Work initially with the ST, and then with the TT, of four poems by Marina Tsvetaeva (16 August 1916, 5 July 1923 and 12 December 1923).

> **Poem 1**: ST and TT from Marina Tsvetaeva, *Milestones: A Bilingual Edition*, translated from the Russian and with an introduction and notes by Robin Kemball (Evanston, IL: Northwestern University Press, 2003), 74–5.
>
> **Poems 2 and 3**: STs and TTs from Marina Tsvetaeva, *Poems of the End*; Поэма конца. *Selected Narrative and Lyrical Poetry with Facing Russian Text*, translated by Nina Kossman with Andrew Newcomb, Introduction by Laura Weeks (Dana Point, CA: Ardis, 1998), 176–7.
>
> **Poem 4**: ST from Marina Tsvetaeva, *Milestones: A Bilingual Edition*, 100. TT1 from Marina Tsvetaeva, *Selected Poems*, translated and introduced by Elaine Feinstein (Manchester: Carcanet Press Ltd, 1999), 28. Literal translation of this poem provided by Bernard Comrie. TT2 from Marina Tsvetaeva, *Milestones: A Bilingual Edition*, 101.

Do the following for each of the four poems given below.

1. Read the ST carefully and identify any phonological or prosodic features that are important to generating the TT. Discuss which ones are possible to render in the TT and which ones may be difficult to preserve.
2. Compare the TT with the ST. What, if any, of the phonological and prosodic features were preserved in the TT? What is your evaluation of the success of the TT?
3. What suggestions do you have for improving the TT? Implement them into a new TT.
4. Identify any other formal aspects of the structure of individual sounds, words or phrases that are significant in generating the TT from the ST.

A. ST

Красною кистью
Рябина зажглась.
Падали листья.
Я родилась.

Спорили сотни
Колоколов.
День был субботний:
Иоанн Богослов.

Мне и доныне
Хочется грызть
Жаркой рябины
Горькую кисть.

тт

Crimson, bright clustered,
The rowan waxed warm.
Falling leaves fluttered,
And I was born.

Belfries competed
In hundredfold chimes.
Saturday: Feast of
Saint John the Divine.

Till now I cherish
The craving to crunch
Warm rowan berries'
Bitter-sharp bunch.

в. sт

Диалог Гамлета с совестью

– На дне она, где ил
И водоросли . . . Спать в них
Ушла, – но сна и там нет!
– Но я ее любил
Как сорок тысяч братьев
Любить не могут!
                    – Гамлет!

На дне она, где ил:
Ил! . . . И последний венчик
Всплыл на приречных брёвнах . . .
– Но я ее любил
Как сорок тысяч . . .
– Меньше,
Всё ж, чем один любовник.

На дне она, где ил.
– Но я ее –
            (недоуменно)
                    – любил??

TT

The Dialogue of Hamlet with his Conscience

She lies on the bottom, with silt
And weeds . . . She went there
To sleep – but sleep escapes her even there.
                              – But I loved her
More than forty thousand brothers!
                              – Hamlet!
She lies on the bottom, with silt.
Silt! And her last wreath
Is awash on a log in the stream.
                              – But I loved her
More than forty thousand . . .
                              – Less though,
Than one lover.
She lies on the bottom, with silt.
– But did I
            (*bewildered*)
                        love her?

C. ST

Ты, меня любивший фальшью
Истины – и правдой лжи,
Ты, меня любивший – дальше
Некуда! – За рубежи!

Ты, меня любивший дольше
Времени. – Десницы взмах!
Ты меня не любишь больше:
Истина в пяти словах.

TT

You who loved me with the falsehood
Of truth – and with the truth of falsehood;
Who loved me to the limits
Of the possible! Beyond all limits!

You who loved me longer
Than Time – one sweep of an arm!
You no longer love me:
These five words are the truth.

D. ST

Имя твое – птица в руке.
Имя твое – льдинка на языке.
Одно единственное движенье губ.
Имя твое – пять букв.
Мячик, пойманный на лету,
Серебряный бубенец во рту.

Камень, кинутый в тихий пруд,
Всхлипнет так, как тебя зовут.
В легком щелканье ночных копыт
Громкое имя твое гремит.
И назовет его нам в висок
Звонко щелкающий курок.

Имя твое – ах, нельзя! –
Имя твое – поцелуй в глаза,
В нежную стужу недвижных век,
Имя твое – поцелуй в снег.
Ключевой, ледяной, голубой глоток.
С именем твоим – сон глубок.

TT 1

Your name is a – bird in my hand
a piece of – ice on the tongue
one single movement of the lips.
Your name is: five signs,
a ball caught in flight, a
silver bell in the mouth

a stone, case in a quiet pool
makes the splash of your name, and
the sound is in the clatter of
night hooves, loud as a thunderclap
or it speaks straight into my forehead,
shrill as the click of a cocked gun.

Your name – how impossible, it
is a kiss in the eyes on
motionless eyelashes, chill and sweet.
Your name is a kiss of snow
a gulp of icy spring water, blue
as a dove. About your name is: sleep.

TT2

Your name – a bird cupped in the palm,
Your name – a sliver of ice on the tongue.
One single movement of the lips.
Your name – five letters – simply this.
A ball in flight snapped up in its path,
A silver tinkling bell in the mouth.

A stone case into a placid pond
Echoes your name with its sobbing sound.
In the light clatter of nighttime hooves
Your wondrous name comes thundering through.
And against our temples it may knock
With the vibrant snap of a rifle cock.

Your name – ah, there's no wise! –
Your name – a kiss placed on the eyes,
On the tender frost of lids fast closed,
Your name – a kiss placed on the snows.
A sky-blue gulp from an ice-cold stream.
With your name's – to be locked in deepest dream.

Practical 3.2. Exercise with pre-1917 orthography (poem by M. Cvetaeva, 5 August 1918)

The following ST and TT are from: *The Demesne of the Swans*: Лебединый станъ. Марина Цветаева. A bilingual edition, including the definitive version of the Russian text, established by the editor, with introduction, notes, commentaries, and translated for the first time into English by Robin Kemball (Ann Arbor: Ardis, 1980), 100–1.

1. Transliterate the short poetic text from Old Orthography to contemporary standard Russian orthography. Do the changes affect the phonological aspects of the text? If so, in what way?
2. Compare the TT and the ST. What changes would you suggest to improve the TT? Do your changes enhance the phonological and prosodic characteristics of the ST?

ST

Если душа родилась крылатой –
Что ей хоромы – и что ей хаты!
Что Чингисъ-Ханъ ей и что – Орда!
Два на міру у меня врага,
Два близнеца, неразрывно-слитыхъ:
Голодъ голодныхъ – и сытость сытыхъ!

TT

> What – when a soul's born winged – does not care for
> Manor – or hut! What thought does it spare for
> Genghis Khan – or the Golden Horde!
> I have two enemies in this world,
> Twins, inextricably interrelated:
> Ache of the hungry – and glut of the sated!

Return to the final poem in Practical 3.1 and answer the following questions:

1. In two separate anthologies of Cvetaeva's poetry (by Kemball and by Feinstein – see edition details at the beginning of Practical 3.1), very similar translator commentary is provided in footnotes to the text. What part of the text requires separate extra-textual commentary in order to be understood?
2. Explain how the phonological form of Blok's name is recreated throughout the semantic structure of the text and converted back into sound.
3. There are two versions of the TT provided. Compare the two versions of the TT, and analyze the strengths and weaknesses of both.

Practical 3.3. Exercise with spoken texts

web addresses: (a) Творчество (http://imwerden.de/cat/modules.php?name=boo ks&pa=showbook&pid=355), (b) Мне голос был (http://imwerden.de/cat/ modules.php?name=books&pa=showbook&pid=581).

1. Listen to the following poems by Anna Axmatova, recorded by the poet herself in 1960.
2. Transcribe the text of the poems and attempt to capture the formal graphic structure of the poem (as you imagine it looks in print).
3. Translate the poems into English and then compare your TT with the original ST. Discuss any aspects of the TT and ST that converge or diverge formally and semantically.
4. Discuss the differences in intonational structures that are found in the reading of poetry and in standard contemporary spoken Russian.

Practical 3.4. Exercise with sung texts

web addresses: (a) А всё-таки жаль (http://1000plastinok.info/song8886.htm), (b) Молитва (http://www.youtube.com/watch?v=xoRjh-pf5C0), (c) Песенка о голубом шарике (http://1000plastinok.info/song8875.html).

1. Listen to the following songs based on a poem by Bulat Okudzhava. Attempt to transcribe the text directly from the song. You can then compare your transcription with a printed text of the song.

2. Provide a TT that reflects the formal and semantic qualities of the ST in its musical version. Identify aspects of the process that must be dealt with initially in order to begin the process of generating the TT in English.

3. Compare your TT with a published version of the text and analyze those aspects of the text that differ in each version, evaluate those differences and produce a revised TT.

Practical 3.5. Numerals and graphics

The following article has a series of statistics and figures about car accidents and resulting deaths as a result of drunk drivers.

1. What is unique about how numerals are expressed in Russian texts?
2. Write out all of the abbreviations given in the ST and explain why some are defined within the text and others are not.
3. Create an English TT that preserves the same tone as the original ST.

НОВОЕ ВРЕМЯ (the new times)
№ 30 (76) 28 июля 2008 г. (с. 24–25)
Автор: Константин Катанян

«Выпил – сел за руль – в тюрьму!»

В 2007 году в России зафиксировано 233 800 ДТП, в которых погибло свыше 33 тысяч человек. Это почти столько же, сколько во всём Европейском союзе, однако там численность населения в 3,5 раза больше, чем в РФ, а количество автомобилей – в 6 раз больше.

Последние по времени поправки, внесенные в КоАП – Кодекс об административных правонарушениях, ужесточили наказание для тех, кто позволяет себе управлять транспортным средством в состоянии алкогольного или наркотического опьянения.[1] Надо отметить, что число аварий, участниками которых стали пьяные водители, постепенно сокращается: по данным Госавтоинспекции, с января по июнь текущего года за управление автомобилем в нетрезвом состоянии задержаны 1356 водителей, однако количество ДТП по вине пьяных водителей сократилось на 47 процентов по сравнению с аналогичным периодом 2007 года. Тем не менее правительство России решило внести поправки в статью 264 Уголовного кодекса РФ, согласно которым состояние опьянения водителя будет квалифицироваться как отдельный состав преступления.

[1] Первая часть поправок в КоАП вступила в силу с 11 августа 2007 года, вторая – с 1 января 2008 года, третья – с 1 июля 2008 года.

Так уже было

По действующему сейчас УК РФ трезвый и пьяный водитель за аварию с тяжелыми последствиями отвечают одинаково. Предложенные на прошлой неделе президиумом правительства поправки в УК после утверждения парламентом могут заметно сократить путь из водительского кресла на тюремные нары и увеличить срок для пьяного участника ДТП. Это не ноу-хау правительства Путина, а возврат к нормам советского периода, когда опьянение считалось отягчающим обстоятельством.

. . .

Группа поддержки

По статистике, приведенной министром внутренних дел РФ Рашидом Нургалиевым, за первые шесть месяцев 2008 года в России произошло около 90 600 ДТП, в которых погибли более 11 700 граждан, а еще 111 500 получили ранения. По словам министра, пьяные водители стали причиной 5500 ДТП (то есть порядка шести процентов).

Chapter 4

Cultural issues in translation and CAM$_2$

The comprehension of any communication act requires some form of translation, whether it be intralingual, interlingual, or intersemiotic. Given our central focus on interlingual translation from Russian into English, it is useful to identify different types of *cultural transposition* that take place as we move not only from the ST > TT, but also from the SL > TL and the source culture to the target culture.

If we return to our communication act model (CAM) for a moment, we recall that we must work with a minimum of six dynamic factors in each speech act (Chapters 1 and 2). Each of these six factors occurs simultaneously within the speech act itself and is in constant flux vis-à-vis each other in terms of hierarchy (and dominance), shared boundaries (including overlap and intersection) and content. The first step in converting CAM into a model of cultural transposition is to double each of the minimum six factors (CAM$_2$). Thus, we find that we have (at least) **TWO** *authors, audiences, contexts, codes, messages,* and *channels* from the very beginning. This revised communication act model will serve as the starting point for outlining strategic categories in cultural transposition from source to target.[1]

CAM$_2$ builds on these previous contributions and takes them to their logical conclusion. We believe that in envisioning more than one *author, audience, code, message, context and channel (AACMCC)* enhances the production of a TT that is faithful to the axiom of *minimizing difference* between the ST and TT. Furthermore, CAM$_2$ concretizes the importance of modeling of texts as **dynamic**, not static, entities and the fact that there are never single speech acts – only multiple sets of speech acts, which yield *texts*.

The CAM$_2$ model given here reinforces the model of cultural transposition given in Hervey and Higgins (2002:18, 33) in the following way. The ST is impossible to duplicate without loss at one or more linguistic levels. By reiterating the fact that the ST is based on a communication act with a specific set of AACMCC, it becomes clear that we leave behind the original AACMCC and recreate a new set of similar features, including a different hierarchy of these features based on the goals of the TT.

When the translator chooses to focus primarily on **doubling the single factor of code**, the result is a TT defined by a *source-culture bias*. However, when the translator folds in **all six of the doubled factors**, the result is a TT that is ***maximally oriented toward the target culture***. Note the following correlations, imagining them as points on a continuum:

ST/(AACMCC)$_1$ + focus on (C)$_{2\,[code]}$ yields TT dominated by *literal* translation (maximal source-culture bias)

ST/(AACMCC)$_1$ + focus on (MC)$_{2\,[message,\,code]}$ yields TT characteristic of *faithful* translations

ST/(AACMCC)$_1$ + focus on (AMC)$_{2\,[author,\,message,\,code]}$ yields TT characteristic of *balanced* translations

ST/(AACMCC)$_1$ + focus on (AMCA)$_{2\,[author,\,message,\,code,\,audience]}$ yields TT characteristic of *idiomizing* translations

ST/(AACMCC)$_1$ + focus on (AACMCC)$_2$ (all six doubled factors) yields TT characteristic of *free* translations (maximal target-culture bias)

Logical outcomes of translation loss using the communication act model

There is an important benefit that results from comparing CAM$_2$ with the Hervey/Higgins model: The hierarchy of features (i.e. the **order** in which author, audience, code, message, context and channel are factored into the creation of the TT) **defines** the dominating characteristics of the TT.

We have included this discussion to reiterate the multifaceted array of factors that the translator must take into account. Not only does the translator have to be thoughtful about what features he or she selects for the *process* of creating the TT, but the quality of the TT *product* changes dramatically depending on (1) which features are selected as primary and (2) in what combinations they occur. Chapter 6 will look specifically at Skopos theory and impact on the formation of the TT product.

Can there be a text that is devoid of cultural information? The current discussion demonstrates that the answer is no. All linguistic texts carry cultural information. Some texts may be more transparent with little or no compensatory labor on the part of the translator, others will become comprehensible as a TT only after extensive extra- or co-textual compensation of cultural knowledge by the translator.

This topic is not without controversy. In fact, in many of the international proficiency testing modules, one of the stated goals is to create tests in speaking, reading, listening comprehension, grammar, and writing that have a minimum amount of cultural information. This principle of testing seems misguided at best. Language and culture are inextricably connected both in the abstract and in terms of real space–time. The translator has to be expert in the language and culture of both the source and the target.[2]

To make the point about the importance of the connection between language and culture in even the simplest of utterances, consider the following English utterance:

– How are you?

Among others, some of the most frequent responses include:

– I am fine. And you?
– Fine, thanks.
– How are you?

In English, this question may be rhetorical, but it hardly would be in Russian. In order to translate this very simple question into Russian, it is extremely helpful if one has the answer already provided in the text. Having the answer provides the key to formulating the question. Possible translations of the initial question include:

Здравствуйте!
Как дела?
Как у вас (идут) дела?
Как у тебя дела?

Frequent pragmatically appropriate responses include:

Ничего.
Хорошо.
Нормально.
Спасибо, ничего.
Хорошо, спасибо.

The fundamental point given in these examples is that in Russian a verbal greeting of this sort is NOT generally rhetorical and requires a verbal response. Furthermore, when you ask someone in Russian how they are, they may actually tell you, and it might not be just "fine," but result in a substantive conversation, including complaints and negative emotions. On the other hand, there may be fewer instances of спасибо involved in the reply.[3]

Expressing emotion in Russian

Common expressions in everyday discourse

There are fundamental discourse differences that the translator must take into account before initiating the translation process of a text from Russian to English, especially when actual dialogue is involved. Simply stated, Russian tends to be more conservative in expressing emotion in conversation in comparison to English. There are several highly frequent types of speech acts where one must be careful not to overdo it. Note the following contexts:

(1) Russian does not use the term спасибо as frequently as English speakers say "thank you." In fact, it is often the case that speakers whose L1 is English sound extraordinarily polite when speaking Russian if the speakers use English-based politeness strategies.

(2) The verb "to love" (любить) is not used with the same frequency as it is in English. First of all, любить means both "love" (when used with nouns or pronouns) and "like" (when followed by another verb). Secondly, Russian speakers do not constantly tell each other Я тебя люблю in the typical English sense of "I love you." Children, parents, and romantically involved couples are not compelled to proclaim their love for each other multiple times a day, whenever they speak on the phone, or whenever they part. Given the popularity of the English phrase itself in pop culture, music, and film, younger Russians are beginning to translate the phrase back into Russian and hence, use the words more frequently than speakers ten or more years older.

(3) The verb гордиться "to be proud" is used even less than любить, when compared to the English discourse patterns. For a Russian speaker to be "proud of you", you must do something truly spectacular.

(4) When an English speaker says "I'm so glad/happy to see you" or "I am very glad/happy to see you," the comparable Russian expression would generally omit the adverbial form очень: Я рад(а) тебя видеть, Я рад(а) Вас видеть, Рад(а) вас видеть.

(5) English speakers, particularly in movies, are constantly "very sorry" about something: the Russian equivalent will potentially be different in every case. The translator must be careful to distinguish between the different ways of rendering "sorry" into Russian, and to avoid the temptation to use the term жаль, жалко. Note the following English expressions and their appropriate Russian translations:

I'm sorry – I didn't hear what you said.	Извините, но я не расслышал(а).
I'm so sorry (that your cat died).	Ой/ты что/надо же/какой ужас/мы тебе сочувствуем,
I'm sorry about everything.	Извините/простите за всё.

Note the following Russian expressions and their appropriate English translations:

Мне жалко тебя.	I feel for you (doesn't sound condescending).
Жаль.	That's too bad.

(6) English speakers are often "excited" and this can pose a dilemma for the translator. The Russian equivalent that is often evoked includes the following: возбуждать, возбудить, возбуждаться, возбудиться, возбуждён(а), возбуждённый, возбуждённая. However, all of these related forms in Russian refer to excitement that is of a sexual nature or loss of control, thus changing the meaning significantly from the generic English sense. So, how would one translate the phrase, "I'm so excited about your new job?" There is no one way that would be absolutely correct, since this type of phrase is very foreign to Russian itself, but here are some common alternatives:

> Здорово, что тебя взяли на работу/ что ты нашел новую работу.
> Очень хорошо, что . . .
> Поздравляю (с тем), что. . .
> Молодец, что. . .
> Слава Богу, что. . .

Note the following examples in Russian of the verb возбуждать, возбудить(ся):

> 1. Вчера я видела Сашу, и мне показалось, что он был сильно возбуждён: говорил громче, чем обычно, смеялся. Я даже подумала, что он пьяный.
> 2. Дети очень долго не могли заснуть, слишком много играли перед сном, перевозбудились.

Emotive language and the media

One of the more striking differences in Russian and English media style is found in the degree of irony and sarcasm that one finds in the Russian press.

Practical 4.1

1. The following excerpt is an article by Andrej Kolesnikov from the newspaper Коммерсантъ 115 (27 June 2005). Read the passage carefully and identify in the text instances of ironic language.
2. Generate two different versions of the TT – one that preserves the irony and a second that is in a more neutral style.
3. What characteristics of the ST are the most important to preserve in the TT?
4. Are there any differences of journalistic style between the SL and TL that must be included when deriving the TT? Be specific.
5. This article gives an example of the difficulties of **interpreting** for heads of state. How does *interpreting* differ from *translation* as a general process?

Экономика переводного периода:
Владимир Путин нашел общий язык с иностранными инвесторами

дружба народов

В прошедшие выходные президент России Владимир Путин поочередно (соответственно в субботу и воскресенье) встретился с американскими и немецкими бизнесменами – и долго рассказывал им, почему они должны инвестировать в Россию свои кровные. По мнению специального корреспондента АНДРЕЯ КОЛЕСНИКОВА, бизнесмены рассказом господина Путина не вдохновились.

Американские бизнесмены в России делали все, что им было предписано судьбой. Вечер накануне свидания с президентом России они провели в театре, где в рамках фестиваля «Белые ночи» покорно слушали музыку. Встреча с прекрасным по замыслу организаторов должна была, очевидно, настроить их на встречу с прекраснейшим.

Прекраснейший выглядел позавчера так, словно все то время, что акулы капитализма мирно дремали в театре, он напряженно штудировал брошюру Дейла Карнеги «Как вырабатывать уверенность и влиять на людей, выступая публично». По крайней мере, встречаясь и здороваясь с американцами, господин Путин улыбался и тряс им руки именно с той мерой жизнерадостного изумления, что и предписывает эта брошюра.

Надо сказать, что, судя по их виду, та же самая брошюра у них просто в крови. Господин Путин вкратце рассказал бизнесменам, что он думает о России. Для этого ему пришлось оторваться от текста своей речи, в котором он, очевидно, не нашел достойных слов, способных адекватно передать впечатление о той политической и экономической стабильности, которая с некоторых пор воцарилась в российском обществе.

– В последние пять лет мы обеспечиваем устойчивый экономический рост около 7% ежегодно, – произнес господин Путин.

– Около 5% ежегодно, – невозмутимо перевела квалифицированная девушка из российского МИДа.

Возможно, девушка предпочитала оперировать реальными цифрами. Во всяком случае, лично меня воодушевила уверенность, с которой она поправила президента.

– Не файв, а сэвен, – в свою очередь, поправил ее господин Путин. Девушка посмотрела на него и, видимо поняв, что спорить бесполезно, кивнула.

– За пять месяцев 2005 года рост экономики составил 5,4%, – продолжил господин Путин.

Все-таки, таким образом, в принципиальной позиции девушки был смысл. Не зря она настаивала на цифре 5.

Practical 4.2

The first three jokes are based on well-known oral traditions. The following four jokes were given in print media under the rubric «Анекдоты», Пять (*****Журнал о качестве жизни) 6 (St Petersburg, 2008), 72.

1. The following excerpts are examples of Russian anecdotes (oral humor). Translate the texts into English.
2. What aspects of translation loss in the TT most directly affect the humorous nature of the ST?
3. What cultural knowledge is required for the audience to understand the humor?
4. Is the humor in these examples more formally based (sound, prosody) or semantically given? Note any instances where the use of capital letters in the TT is different than the ST. Explain.
5. Identify jokes that use current events (2007–8) and explain the socio-cultural context and how it contributes to the humor.
6. Identify which anecdotes given below are the least tied to specific Russian cultural events. Which anecdotes are based in realia relevant to multiple cultural spaces and what role does this play in translating humor? How does this loose tie with the extra-textual context affect the level of humor perceived by the reader/hearer?

А. С возрастом приходит мудрость. Иногда возраст приходит один.

Б. В восьмидесятые годы Брежнев ездил в США навстречу с Рейганом. Рейган показывал Брежневу Белый дом, своих советников и общую организацию своей администрации. Брежнев был потрясён и не мог скрывать свой восторг, спрашивает у Рейгана:

– Как Вы подбираете свои кадры?

– Очень просто: они все должны у меня сдать маленький тест. Рейган говорит секретарю: Пригласите ко мне Буша. Заходит Буш. Рейган спрашивает:

– Кто – сын моего отца, но не мой брат? – Это Вы, господин Рейган. Брежнев, одобрительно кивая, говорит, что он тоже будет тестировать своих подчиненных.

Вернувшись на родину, Брежнев вызывает Громыко.

– Да, Леонид Ильич.

– Скажите, пожалуйста, Дмитрий Андреевич, кто – сын моего отца, но не мой брат?

– Сейчас будем выяснять, и я Вам доложу о результатах в ближайшее время.

Через три дня приходит Громыко к Брежневу и сообщает:

– В связи с Вашим вопросом было задержано более двухсот человек, но пока никто не признался.

Брежнев фыркает и отвечает: – Идиот! Никто и не признается, потому что это Рейган.

В. Представьте себе: Извилистая, узкая горная дорога. На встречу едут две машины: в одном женщина за рулем, а в другой – мужчина. Женщина открывает окно и кричит: «Козел!» Мужчина отвечает: «Сама дура!» И тут же врезается в козла.

Г. Вчера в Тбилиси рухнула многоэтажка, которую строили молдаване, нанятые украинской фирмой на эстонские деньги, которые заняла Польша у Англии. Здание строилось по проекту, разработанному в США. Грузинские эксперты пришли к выводу, что в трагическом инциденте виновата Россия.

Д. Звоню я ей и говорю, мол, так и так, мой бизнес накрылся . . . Приезжаю на квартиру, а ее уже нет, и шмотки забрала. Ну и фиг с ней! Зачем мне баба без чувства юмора?

Е. Сотрудник ГИБДД (бывшая ГАИ) останавливает машину. Подходит. Спрашивает сурово:
– Вы знак видели?
– Видел.
Гаишник расплывается в доброй улыбке:
– Сынок мой нарисовал . . .

Ж. Посадили собаку охранять машину. Утром пришли – колес нет. На стекле записка: «Собаку не ругайте, она лаяла».

З. Каждый год весной переводят часы на час вперед. Каждый год этим все недовольны. А ведь так просто всех порадовать! Достаточно переводить часы не в ночь с субботы на воскресенье, а в середине рабочего дня в пятницу.

Practical 4.3

1. Translate the following interview conducted by Julija Brojdo with Jekaterina Semenčuk, a well-known mezzo-soprano from the Mariinskij Theatre in St Petersburg, Russia, from the journal *Free Тайм*, 4(83) (2005). Pay special attention to how English place names are rendered in the text, including whether they are transliterated or translated.
2. Are there any unusual grammatical examples in this article?
3. What are some of the discourse markers evident in such an oral interview? Would these markers appear in printed narrative texts as well? Explain.
4. Identify any specialized musical vocabulary in the ST.

ST

«Подарок для принца Чарлза»

– Вы до этого уже встречались с принцем?

– Принц Чарлз является патроном Мариинского театра и всегда, когда есть возможность, он приходит на наши спектакли. И в 2000 году после премьеры «Войны и мира» Прокофьева в Ковент-Гардене, где Анна Нетребко пела Наташу, Владимир Мороз – Болконского, а я – Соню, а за пультом был маэстро Гергиев, принц пришел за кулисы и каждому из участников спектакля пожал руку, сказал доброе слово. Это было незабываемо.

– Что именно вы пели на свадьбе?

– Молитву «Символ веры» из Литургии Гречанинова, она исполнялась во время церемонии благословения. Очень сложно оказалось молиться вслух. Мне хотелось, чтобы все так и было, как поется, чтобы всем людям было хорошо, чтобы все жили в мире, чтобы царила любовь. Я не думала ни о каких прямых эфирах – просто хотела, чтобы люди, ради которых и была затеяна церемония, все это прочувствовали. «Символ веры» был включен в программу по личной просьбе принца Чарлза. Эта музыка уже исполнялась в 2003 году хором Мариинского театра на вечере памяти королевы-матери. Принц обратился к Валерию Гергиеву, и я очень польщена, что все это выпало на мою долю, что мне была оказана честь представлять музыкальный подарок от имени маэстро и всего Мариинского театра.

– Сколько дней вы провели в Лондоне?

– Три дня, но все они были расписаны буквально по минутам. Поездка была организована Попечительским фондом Мариинского театра в Великобритании, которому в этом году исполняется десять лет.

– Что запомнилось больше всего?

– Все было очень хорошо. Я жила в центре города в красивейшем месте: из окна номера был виден Биг-Бен. Много времени занимали поездки в Виндзорский замок, репетиции в часовне Святого Георгия. Во время церемонии за замком был установлен огромный экран, чтобы люди с улицы могли видеть прямую трансляцию того, что происходило в часовне. Британцы приезжали в Виндзор к пяти утра, чтобы занять лучшие места.

– Как все проходило?

– Часовня была разделена на две неравные части. В одной части сидели гости – 800 человек, а в основной части, там, где алтарь, благословляли новобрачных. На скамьях из дерева – при входе – располагался хор, а далее, ближе к алтарю, – члены королевской семьи, гости, принцы разных стран. Все было подчинено правилам этикета: например, когда проходили королева и принц, все кланялись. На красивой бумаге было расписание церемонии, последовательности речей.

– Что у вас было за платье?

– Это был костюм, который тоже должен был соответствовать этикету: строгий силуэт, длинный рукав – никаких декольте. Все было элегантно и очень стильно: светлый перламутровый пиджак, юбка более серого тона и шелковый топ, атласные туфли на высоком каблуке, волосы были зачесаны аккуратно назад. На приеме в честь бракосочетания я надела и небольшую шляпку – это тоже полагалось по этикету. Костюм был предоставлен бутиком Amanda Wakeley – благодаря компании Ede & Ravenscroft, которая много лет является поставщиком английского двора, а кроме того, поддерживает молодые таланты по всему миру и уже давно помогает Академии молодых певцов Мариинского театра.

– А прием?

– Он проходил в зале Ватерлоо Виндзорского замка. Было огромное количество цветов, потрясающие букеты – стоял невероятный аромат. Среди гостей были такие известные люди, как Леди Шолти, Валентино, Стивен Фрай, Фил Коллинз: масса знаменитостей и вся королевская семья. Все они – и принц Эдвард, и принц Майкл, и графиня Кентская – большие поклонники русского искусства. И все были очень тронуты музыкальным подарком Мариинского театра. Его высочество был счастлив, леди Камилла выказала очень много теплоты. Было очень приятно.

– Сразу после Лондона вы выступили в Петербурге на творческом вечере Елены Образцовой, потом улетели в Лос-Анджелес, на гала-концерт с Валерием Гергиевым и оркестром Мариинского Театра. Как вам удается выдерживать столь жесткий ритм жизни?

– Ну, я все время перелетаю из одного климатического пояса в другой. Такая жизнь: репетируем, летаем, поем, снова репетируем, снова летаем. Наверно, организм еще молодой, выносливый . . . На самом деле, выдерживаю только благодаря любви к работе, удовольствию и радости от того, что есть возможность делать то, что люблю. А потом, мне кажется, любой нормальный, тем более творческий человек всегда с радостью воспринимает новые впечатления от увиденных стран, людей, знакомств, даже голосов. Это же так здорово. А иначе зачем мы живем? Чтобы открывать что-то новое.

– Вы чувствуете себя звездой?

– Ну, это такая глупость! Ведь на самом деле жизнь певицы – тяжелый и кропотливый труд, и над собой, и вообще.

– От каких-то привычек пришлось отказаться?

– Да я никогда не была чем-то особенно отягощена, чтобы от чего-то отказываться. Вот только редко вижу своих любимых и родных людей. Но они меня понимают.

– Как удается поддерживать форму: спорт, диета?

– Приходится выдерживать дикие нагрузки, потому что оперная сцена – тяжелый вид спорта. Бывают спектакли, в которых нужно много двигаться, бегать, прыгать и одновременно петь. Дома у меня есть тренажеры, я стараюсь делать гимнастику, по мере возможности ходить в бассейн. Но прежде всего важны хороший сон и настроение. А какой-то особой диеты я не придерживаюсь.

– По какому принципу вы выбираете одежду?

– Главное, чтобы одежда была интересной и удобной. Чтобы в ней был какой-то fun, что-то прикольное. Мне нравятся разные цвета, но больше всего люблю черный. Правда, его у меня уже слишком много.

– Вы любите экспериментировать? Например, с прической?

– Я поступаю так, как чувствую. Когда я покрасила волосы в рыжий цвет, мне сказали: «О-о, к Кармен готовишься?» Я их снова перекрасила в естественный. На что мне сказали: «О-о, к Кармен готовишься?» Потом я сделала длинные волосы. Мне сказали: «О-о, к Кармен приготовилась?» Потом я их сняла. Мне сказали: «О-о, вот это классная прическа для Кармен!» Я подумала, что если завтра я постригусь наголо, мне тут же скажут: «О-о, это классная находка для Кармен». Но я этого не сделаю, потому что мне это не идет. Мне больше нравятся девушки с красивыми волосами. Красивые волосы – это достояние.

– К вопросу о Кармен. Эта партия – мечта всех меццо-сопрано. 30 апреля вы поете ее на премьере в Мариинском театре. Вам близок этот образ?

– В этом образе надо быть максимально естественной. Перевоплощаясь в Кармен, я становлюсь разной. Сейчас я смотрю на тебя с улыбкой, а через секунду эта же улыбка превратится в адский оскал. Она смеется, но смех тут же вырастает в плач. В каждой женщине есть Кармен. Ее все хотят, но одновременно боятся, поскольку понимают, какая это сильная натура. Но главное – Кармен честна перед собой. Для нее «да» – это да, а «нет» – это нет. Настоящая Кармен, к сожалению, обречена. Если бы она не была обречена, не было бы оперы.

Practical 4.4

1. Translate the following text by Jurij Lotman, from the cycle *Взаимоотношения людей и развитие культур* in the volume «Воспитание души» (St Petersburg: Iskusstvo, 2005), 469, "Interpersonal relations and the development of cultures". In this text, Lotman tackles the problem of why knowledge of more than one culture is a valuable undertaking.
2. What is the basis of the ST – a written or oral text? What cues in the text (or missing from the text) helped you to make your choice?
3. How would you translate the title of the volume itself? Would the phrase "human relations" be a possible translation for the first part of the article title? Explain.
4. How would you translate the term самобытность?

> . . . Осознать себя можно, только увидев другого: только увидев, что он не похож на меня, я могу понять, кто я. Ведь первоначальное и очень упрощенное представление у всех людей, что они говорят на языке, а тот, кто говорит на другом языке, он просто бормочет и сам себя не понимает. И затем наступает второй этап, когда я вдруг понимаю, что у него – тоже язык. Тогда возникают любопытные вещи. Давно уже лингвисты заметили, что первые грамматики пишутся для иностранцев. Первый этап: ну зачем же мне грамматика родного языка, я и так на нем говорю. При этом я думаю, что и все люди так делают, что здесь не о чем думать, здесь всё естественно. И следующий этап, когда я думаю, что я – просто человек, не имею каких-то особых признаков, а вот иностранец – он особенный, он – другой. Потом наступает более зрелый этап, когда я начинаю понимать, что и я – особенный, и я – другой.
>
> Сама идея самобытности культуры может возникнуть только потому, что рядом есть другая культура. Если нет контраста, то нет специфики. Если всё – зеленого света, то вообще никакого цвета нет . . .

Chapter 5

Compensation and semantic shifts

To complement our approach in achieving adequate cultural transposition in the production of the TT, we have implemented various strategies using CAM and CAM$_2$ within the overriding goal of ***minimizing difference*** as we proceed from ST to TT. We understand that all speech acts, whether oral or written, are always a conglomerate of factors and functions that occur simultaneously within the utterance, and may shift in terms of their relationship to each other and to the overall speech act itself. The fact that we attempt to single out specific minimal factors of speech acts is a tool to help manage the complexities of the translation process and the creation of a translation product. While no single model of the speech act will ever be complete, CAM$_{(1\ \&\ 2)}$ provide a reasonable starting point for organizing our activities in proceeding from ST to TT in the translation process.

We have already seen that it is often necessary to add information to the TT that was not explicitly given in the ST. These forms of ***compensation*** are required to minimize translation loss and improve on reader/hearer comprehension of the TT. In some instances, our compensation strategies will be code-based changes, ranging from the simplest phonological level and continuing through the morphological, lexical, syntactic and higher discourse levels.

In the exercises below, we will look specifically at ***contextual compensation*** and ***textual compensation***. In the case of *contextual compensation*, the additional information may not even appear in the TT itself, but be relegated to footnotes, introductions and other commentaries accompanying the TT. *Textual compensation* is a component of the TT, central to the TT product itself.

Practical 5.1

1. Translate the following passage from the famous Russian actor Sergej Jurskij's memoirs, Опасные связи (*Dangerous Liaisons*), published in the journal *Okt'abr'*, 6 (2000), and in the edited collection, Ефим Еткинд: Здесь и там (St Petersburg, 2004), 613.
2. Who are Jefim Etkind and Sergej Jurskij? What is their relationship? What textual clues help you approximate the time frame of the event described in the ST?
3. What is the general historical context that frames this short narrative?
4. How would you characterize the style and register of the ST?

Эткинд позвонил мне перед самым отъездом, и я пришел прощаться. Голые стены, окна без занавесок. Длинных разговоров не было.

Потом, когда я стал в Ленинграде запретным и с таким трудом «эмигрировал» из родного города в Москву, ходили слухи, что причиной всех неприятностей была моя речь, произнесенная якобы на аэродроме на бурных проводах Эткинда. И меня все спрашивали шепотком и друзья и недруги: «А что ты на самом деле там наговорил?»

На самом деле мы стояли вдвоем посреди опустевшей комнаты без мебели, и я сказал: «Ефим Григорьевич, увидимся ли мы?» И он сказал: «Будем надеяться».

Dr Jefim Etkind was one of the most famous Russian philologists of his day. Before he was forced to leave the Soviet Union in 1974 for supporting the Leningrad poet Josef Brodsky who was on trial for anti-Soviet activity, he was a distinguished faculty member and professor at the Hertzen Institute in then Leningrad. Etkind immigrated to France and in 1975 was awarded an additional doctorate degree at the Sorbonne in arts and literature. Etkind became acquainted with Jurskij many years earlier in Leningrad after translating a work by Brecht for stage adaptation at the central dramatic theatre of Leningrad, the world-renown BDT (БДТ – Большой драматический театр). Jurskij played the lead role in Brecht's *The Resistible Rise of Arturo Ui (Der Aufhaltsame Aufstieg des Arturo Ui* (written 1958)).

Etkind was stripped of all of his degrees and regalia by the Soviet authorities and forced to leave the country because of his friendship with Josef Brodsky. In parallel, Jurskij was forced to leave Leningrad and move to Moscow in order to continue to perform in the theatre because of his friendship with Etkind.

All three – Brodsky, Etkind, and Jurskij – prospered in their new environments. Brodsky passed away in 1996 and Etkind in 1999. Jurskij continues to perform in film and theatre to the present day. His dramatic reading on film of Pushkin's *Evgenij Onegin* is considered one of the most brilliant performances of the work.

Practical 5.2

1. Translate the following short story by Daniil Xarms, Сон, written in 1933 (Даниил Хармс. Всё подряд . . . (vol 3, 1936–1941, Moscow: Zaxarov, 2004), 14–15).
2. Compare your TT with George Gibian's translation (from *The Man with the Black Coat* (Northwestern University Press, 1997), 80–1). How does each of the two translations preserve the structural and sound repetitions given in the ST? Explain with examples. Pay special attention to the variety of verbal tenses available in the TT.
3. How would you translate the title?

4. To what literary genre would you attribute the ST and why?
5. Following the ST and TT, there is a short narrative about the Soviet Union of the 1930s. Once you have read this passage, go back to the two English translations and see if this information has an impact on your translation and your evaluation of Gibian's translation.

ST: СОН

Калугин заснул и увидел сон, будто он сидит в кустах, а мимо кустов проходит милиционер.

Калугин проснулся, почесал рот и опять заснул, и опять увидел сон, будто он идет мимо кустов, а в кустах притаился и сидит милиционер.

Калугин проснулся, положил под голову газету, чтобы не мочить слюнями подушку, и опять заснул, и опять увидел сон, будто он сидит в кустах, а мимо кустов проходит милиционер.

Калугин проснулся, переменил газету, лег и заснул опять. Заснул и опять увидел сон, будто он идет мимо кустов, а в кустах сидит милиционер.

Тут Калугин проснулся и решил больше не спать, но моментально заснул и увидел сон, будто он сидит за милиционером, а мимо проходят кусты.

Калугин закричал и заметался в кровати, но проснуться уже не мог.

Калугин спал четыре дня и четыре ночи подряд и на пятый день проснулся таким тощим, что сапоги пришлось подвязывать к ногам веревочкой, чтобы они не сваливались. В булочной, где Калугин всегда покупал пшеничный хлеб, его не узнали и подсунули ему полуржаной.

А санитарная комиссия, ходя по квартирам и увидя Калугина, нашла его антисанитарным и никуда не годным и приказала жакту выкинуть Калугина вместе с сором.

Калугина сложили пополам и выкинули его как сор.

TT: A DREAM

Kalugin fell asleep and dreamed a dream. He was sitting in some bushes, and a militiaman went past the bushes.

Kalugin woke up, scratched his mouth, and fell asleep again, and again he dreamed a dream. He was walking past some bushes, and in the bushes a militiaman was sitting and hiding.

Kalugin woke up, put a newspaper under his head so as not to make the pillow wet with his slobberings, and fell asleep again, and again he dreamed a dream. He was sitting in some bushes, and a militiaman was walking past the bushes.

> Kalugin woke up, changed the newspaper, lay down, and again fell asleep. He fell asleep and again he had a dream. He was walking past some bushes, and a militiaman was sitting in the bushes.
>
> At that point Kalugin woke up and decided to sleep no more, but immediately he fell asleep and had a dream. He was sitting behind a militiaman, and bushes were walking past.
>
> Kalugin shouted and turned over in his bed, but he was no longer able to wake up.
>
> Kalugin slept for four days and nights in a row, and the fifth day he woke up so thin that he had to tie his boots to his feet with twine so that they would not keep falling off.
>
> In the bakery, where Kalugin always bought wheat bread, they didn't recognize him and slipped him bread that was half rye.
>
> The Sanitary Commission inspected the apartment house and saw Kalugin, and declared him to be unsanitary and good for nothing, and ordered the apartment cooperative to throw Kalugin out with the trash.
>
> They folded Kalugin in two and threw him out with the trash.

The Soviet Union of the 1930s is often characterized as one of the most violent non-war periods of the twentieth century. Stalin's infamous *purges* (чистки) destroyed millions of lives throughout the country. It was a period of enormous distrust, where many Soviet citizens were classified as враги народа (enemies of the people), arrested in the middle of the night, and executed. Some were the victims of анонимки (anonymous letters) sent to the NKVD, in which false accusations were made against them, while others were the victims of accusations signed by family and friends. The climate of fear was high, and Russian writers were often among the victims of these processes. Daniil Ivanovič Juvačov (Xarms was one of 30 pseudonyms and his most famous one) was one of those victims. According to official information, Xarms was arrested in 1941 and perished in a prison hospital in Novosibirsk in 1942. Xarms was a member of the famous OBERIU group (ОБЭРИУ – Объединение реального искусства), founded in Leningrad in 1927. During his lifetime, most of Xarms' works were surpressed – only some of his children's verses were published. Xarms was considered to be the central Russian contributor to the genre of Surrealism of his day.

Practical 5.3

1. The following ST is information provided on baby powder produced and sold in the Russian Federation. Translate the entire text into English.
2. Note the use of non-Russian terms in the Russian text. Why do you think this occurs?

3. Pay special attention to all abbreviations. You are not expected to know these abbreviations. What, however, do you think would be the most efficient way to decipher the abbreviations?
4. Russian has several words that intersect with the semantics of the English word "powder." Name three of them and explain how they differ in meaning.

Детская присыпка
(НАША МАМА)
для ухода за кожей малыша и для массажа
с первых дней жизни
с ромашкой
Изготовлено в России

. . . нежное прикосновение маминых рук

Детская присыпка
   Мягкое, нежное средство, разработанное специально для чувствительной кожи Вашего малыша.
   Смесь сухих компонентов, образующих присыпку, предохраняет кожу младенцев от трения и оказывает противовоспалительное действие.
   Присыпка наносится только на сухую кожу.

Рекомендации: присыпка используется для припудривания локтевых, подколенных ямок, а также шейных и паховых складочек.

С натуральным экстрактом ромашки.
Без красителей.
Без ароматизаторов.
Состав: Talc, Zinc Oxide, starch, extract Chamomilla Matricaria

Использовать до: смотрите на упаковке
100 г
Изготовитель: ЗАО «Новис 97плюс»
Московская обл., п. Биокомбинат,

ВНИиТИБП по заказу ООО «Наша Мама» (Всероссийский научно-исследовательский и технологический институт биологической промышленности)

Штрих-код: 4 607021 930345

Practical 5.4

1. Compare a typical text accompanying baby powder sold in the United States, given below, with the Russian ST given in Practical 5.3. What are the differences in the types of information required on the bottle between the USA and Russian Federation?
2. Select five passages from the English ST and translate them into Russian. Be sure to include at least one passage that has obvious overlap from the Russian and English source texts.

Johnson's baby powder
Clinically proven mildness
Keeps skin silky soft, fresh and comfortable
Johnson & Johnson
Net wt. 9 oz (255 g)

Johnson's© baby powder keeps baby's skin feeling soft and smooth. Your skin and your baby's skin are susceptible to irritating friction. Friction is caused by clothes rubbing against skin and folds of skin rubbing against each other. JOHNSON'S Baby Powder is made of millions of tiny slippery plates that glide over each other eliminating friction. Skin is left feeling cool and comfortable. JOHNSON'S Baby Powder is unsurpassed in softness and is hypoallergenic, dermatologist and allergy tested. And only JOHNSON'S has that special clean, fresh scent.

JOHNSON'S©, THE NUMBER ONE CHOICE OF HOSPITALS.
For baby, use after every bath and diaper change, to make your baby's skin soft and smooth. JOHNSON'S Baby Powder's natural softness helps prevent chafing. For you, use every day to help feel soft, fresh, and comfortable.

Directions: Shake powder into your hand and smooth onto skin. Store in a cool dry place.

Warning: For external use only. Keep out of reach of children. Close tightly after use. Do not use on broken skin. Avoid contact with eyes. Keep powder away from child's face to avoid inhalation, which can cause breathing problems.
INGREDIENTS: Talc, Fragrance.
Do not use if quality seal is broken.

Dist. By Johnson & Johnson
Consumer Products Company
Division of Johnson & Johnson Consumer Companies, Inc.
Skillman, NJ 08558-9418
© J&J CCI 2004
Bar code: 8137-003001

Practical 5.5

The class may wish to divide into three groups, where all groups produce a TT for the first two paragraphs, and then each group divides the remaining text into three parts.

1. Translate the following excerpt from the St Petersburg online newspaper, Fontanka.ru (16 July 2008) by Kirill Veselago. Pay special attention to the title of the article and the first subheading.
2. Look carefully for specific word choices and stylistic shifts in the text that reveal the author's view of the situation. (Practicals based on texts related to 5.5 can be found in Chapter 6.)

«Четыреста первый способ отъёма жилья у населения»

Буквально на улице могут оказаться артисты государственного академического Михайловского театра. Администрация храма культуры постановила выселить их из общежития театра на наб. канала Грибоедова, дом 4, где, якобы, будет проведен ремонт. Взамен предлагается временное жилье в готовящейся под снос гостинице, где нет никаких условий для нормального существования. Артисты всерьез полагают, что на старое место их уже просто не пустят.

Если у вас нету дома

Если у вас нету дома, то хотя бы есть общежитие – по крайней мере, именно так многие годы обстояли дела у артистов государственного академического Михайловского театра, проживающих в общежитии на наб. канала Грибоедова, дом 4. Однако различные компании постоянно проявляли повышенный интерес к недвижимости, находящейся в самом сердце исторического центра Петербурга, с фасадом, выходящим на канал Грибоедова.

Сразу после назначения Владимира Кехмана в прошлом году на должность директора Михайловского театра некоторые СМИ предполагали, что интерес JFC (компании Кехмана. – авт.) к театру имени Мусоргского может быть обусловлен находящейся в его ведении недвижимостью – в частности, корпусами мастерских и театрального общежития, расположенными за спиной Русского музея (на Инженерной улице). И вот свершилось: 15 мая на всех дверях и подъездах театрального общежития появились объявления: всем обитателям дома предписывалось «освободить жилые помещения от личных вещей, сдать ключи начальнику АХО» и . . . выметаться на улицу. Тогда артисты в первый раз забили тревогу.

Г-н Кехман, видимо, понял, что «слегка погорячился»: и 25 июня появился другой приказ, в котором говорилось о том, что «театр готов предоставить артистам помещения для временного проживания в гостинице «Речная».

Здесь надо сделать небольшое отступление: пресловутую гостиницу «Речная» Владимир Кехман не так давно приобрел у ОАО «Северо-Западное пароходство». Приобрёл затем, чтобы снести: «На месте гостиницы «Речная» мы реализуем проект многофункционального торгового комплекса с гостиницей, бизнес-центром и торговой составляющей», – рассказывал Владимир Кехман в одном из интервью.

Таким образом, артистам было предложено переехать из государственного жилья в некий частный маневренный фонд, предназначенный к сносу, что противоречит как петербургским законам, так и законодательству РФ.

Practical 5.6

The following ST passage is taken from a short story by Viktor Pelevin: **Вести из Непала** from the collection, *Желтая стрела* (Moscow: VAGRIUS, 1998), 174.

1. Read the ST carefully and then compare it with the TT below.
2. Explain the cultural importance of (a) the difference between the second person pronouns ты and вы; (b) the use of different forms of Lyuba's name; (c) the importance of the distinction between the verbs опаздывать and задерживаться in terms of Russian cultural norms of politeness.
3. Create your own TT after analyzing the differences between the ST and TT given below.

ST

– Здрасьте, Любовь Григорьевна! – сказал он в отвратительно галантной манере. – Задерживаетесь?

Любочка в ответ пролепетала что-то про метро, про троллейбус, но Шушпанов ее перебил:

– Ну я же не говорю – опаздываете. Я говорю – задерживаетесь. Понимаю – дела. Парикмахерская там, галантерея . . .

Вел он себя так, словно и правда говорил что-то приятное, но больше всего ее напугало то, что к ней обращаются на «вы», по имени-отчеству. Это делало всё происходящее крайне двусмысленным, потому что, если опаздывала Любочка – это было одно, а если инженер по рационализации Любовь Григорьевна Сухоручко – уже совсем другое.

– Как у вас дела? – спросил Шушпанов.

– Ничего.

– Я про работу говорю. Сколько рацпредложений?

– Нисколько, – ответила Любочка, а потом наморщилась и сказала: – Хотя нет. Приходил Колемасов из жестяного цеха – он там придумал какое-то усовершенствование. К таким большим ножницам – жесть резать. Я еще не оформила.

The corresponding TT passage is taken from the volume: Victor Pelevin, *The Blue Lantern and Other Stories*, trans. Andrew Bromfield (New York: A New Directions Book, New Directions Publishing Corporation, "News from Nepal," 1997), 4–5.

TT

"Good morning, Lyubov Grigorievna," he said formally in a repulsively gallant fashion. "Delayed, were you?"

In reply Lyubochka mumbled something about the subway and the trolley, but Shshpanov interrupted her.

"I'm not saying you're late. I'm just saying you were delayed. I understand. Things to be done. The hairdresser's, the haberdashery shop. . . ."

He acted as though he actually was saying something nice to her, but what frightened her most was the formal way he called her Lyubov Grigorievna. This made everything that he was saying extremely ambiguous, because it was one thing if Lyubochka was late, but if Rationalization Engineer Lyubov Grigorievna Suxhoruchko was late, that was another thing altogether.

"How are things?" asked Shushpanov.

"All right."

"I'm talking about work. How many rationalization proposals are there?"

"None," Lyubochka replied, then she frowned, wrinkling her brow and said, "No, I'm wrong. Kolemasov from the tin shop was in, he's thought up some new improvement. For the big shears. For cutting the tin sheets. I haven't done all of the paperwork yet."

Chapter 6

Textual genre, text types, and translation

> The study of genres is based on analogies of form.
> . . . the study of genres has to be founded on the study of convention.
>
> (Frye 1967: 95–6)

As we work with our CAM and CAM$_2$ models, we see over and over again how multiple and diverse factors and functions are at work in any single speech act or combinations of speech acts. The more we know about the factors and functions of the ST, the more likely we will be successful in negotiating through the translation process in order to achieve a viable TT.

In Chapter 2, we mentioned the term *genre* in connection with the CAM model, namely as one of the questions that arises in part in conjunction with the *channel*, but also overlapping to some degree with all of the remaining five factors, including specific authorial goals, the target audience, the cultural context (intended and extended), the degree of aesthetics defined by the text, and code-based parameters of the text. Essentially, the question of genre can be encountered in any of the six factors of the ST and this means that all texts may be potentially defined in terms of one or more genres, resulting in many potential *hybrid* genres.

Skopos theory and text-type

Functional theories of translation, which have moved the field forward by evaluating both processes and products, have made an important contribution to the study of translation. In this chapter, we will consider two of the major contributors to **skopos theory** – Katharina Reiss and Hans Vermeer (1984). Vermeer places skopos theory historically as a continuation of the **theory of translational action**, which is articulated by Holz-Mänttäri (1984),[1] and defines *skopos* as "technical term for the aim or purpose of a translation" for all texts (1984: 221). This theory includes the necessary methodologies and strategies to derive a target text (called the *translatum*). There are several constraints that (1) must be applied in a specific order, (2) require coherency of the TT, and (3) articulate the central role of the translator. (Note Practical 4.2, which includes Krushchev's famous quote from his speech at the United Nations, is an example of coherency violations.) Munday (2001: 80) points out that the recognition of multiple and valid target texts resulting from the translation process is one of the strengths of skopos theory; a weakness is the downgrading of the source text in the process.

Katharina Reiss (1977/1989) proposes a three-tier system of correlations between textual function, language dimension, and text-type (1977/1989: 105–15; 2000: 24–47):

(1) **informative** – "plain communication of facts" (focus on content – *represent*);
(2) **expressive** – "creative composition" (focus on author – *express*);
(3) **operative** – "inducing behavioral responses" (focus on addressee – *appeal*).

These three fundamental categories give rise to a large number of potential realizations of text type and their resulting relationship to translation methods (see Munday 2001: 74–5 for an excellent summary). It is important to note that Reiss recognizes *hybrid texts* and speaks about multiple functions being realized within a single text, but generally with one being *dominant* (Reiss 2000: 25). (Reiss introduces a fourth text type, *audio-medial*, in which language is complemented with additional semiotic systems.)

These three fundamental text types follow the same inspiration acknowledged by Jakobson for his speech-act model, namely Karl Bühler's triadic functional model (*Darstellungsfunktion, Ausdrucksfunktion,* and *Appellfunktion*) (1934/ 1965). Reiss is similar to Lotman in her insistence that the level at which communication occurs is *textual*, and not sentential or lexical (1977/1989: 113–14). Thus, Reiss's communication act is a text. Lotman goes a step further than Reiss and argues that all texts are *hybrids* of different forms of communication (which includes *I–I* (*autocommunication*) and *I–s/he* models) with potentially shifting dominant structures within the text (see Andrews 2003: 28–31, 63). We will consider other contributions to genre in later chapters when we analyze more closely discourse and discourse-based approaches to translation.

Our proposal for defining genre within the current work is a **bi-level system** that takes into consideration many of the points found in Jakobson, Lotman, Reiss, and Vermeer.

Level one: two central questions

In terms of the channel, we raised two other points that will serve as the frame within which we will address the notion of genre:

(1) the text is **oral** or **written**, and
(2) the **medium of exchange** (oral types include phone call, face-to-face conversation, lecture, sermon, television, etc.; written types include newspaper, journals, magazines, prose fiction, prose non-fiction, poetry, internet, etc.).

For additional reading on genre, we suggest Lotman 1990; Eco 2001; and House 2001.

In addition to the first two textual issues raised above, we will briefly outline three basic genres, or types of texts, to assist in the translation process. There are multiple theories of genre that are not considered in this chapter. Clearly, the number of potential genres could be limitless. Our goal, rather, is to create a rubric that will facilitate the translation process without making it unnecessarily awkward or difficult. We have tried to define our genre types so that they follow from the medium/channel and incorporate in a simplified manner aspects of all six features of CAM.

> *Remember: A text may be defined by more than one genre.*

Level two: naming the genre

Literary genre

Northrop Frye's work on defining literary genre continues to be one of the major contributions to the study of genre. Frye's distinctions of literary genre include a fundamental distinction between (1) *fiction* ("continuous," "the rhythm of continuity") and (2) *epos* ("episodic," "the rhythm of recurrence"), with (3) *drama* ("ensemble performance for an audience," "the rhythm of decorum") and (4) *lyric* ("the utterance that is overheard," "the rhythm of association") (1967: 248–71) as the "flanking" types.

For the purposes of this work, we will treat literary genre as one general category, containing both poetry and prose fiction texts. Furthermore, it is important to keep in mind an important distinction that Frye defines concerning how these genre types are made from each other:

> Poetry can only be made out of other poems; novels out of other novels. Literature shapes itself, and is not shaped externally: the *forms* of literature can no more exist outside literature than the forms of sonata and fugue and rondo can exist outside of music.
>
> (Frye 1967: 97)

Frye's statement is in keeping with the general semiotic sentiment, which argues that questions of genre are more about the fluid dynamic of text forms flowing out of each other, rather than being the result of extra-textual structures being imposed on the text.

The use of literary texts in teaching Russian translation is motivated by several factors, including the following:

1. literary texts reveal important relationships between prosody, phonetics, orthography, and semantics;
2. literary texts have a highly developed aesthetic, which often means the *code* of the text itself is rich in linguistic and cultural information;
3. we are fortunate to have a deep body of translation available for Russian literary texts – not only one translation, but often multiple, outstanding translations of one and the same ST.

News and advertising genre

Publications in which the major goal is to share information make up the bulk of our second genre. These texts, even when they claim to be objective reporting, are often colored with rhetorical strategies to convince the audience that the information being conveyed is true and authentic. These first two genre types share an important characteristic: they may be fictional or non-fictional. It is the crossing over from non-fiction to fiction that often causes serious problems for media sources across the globe. An additional problem of current Russian media is a result of the democratic process. In the Soviet period, the mass media were tightly controlled by the government and the language of the press was stylistically well-defined. Journalists were trained in a uniform college-based curriculum, a fact that also contributed to the homogeneity of style seen in the printed media. Some of the past standards of print media have taken a hit across the globe, and Russia is no exception. In twenty-first-century Russia, a degree in journalism is hardly a prerequisite for work in the media, proof readers are no longer as careful as they were in the past, and the result is a good deal of poor writing (especially on the internet) and poor editing, resulting in texts that are often awkward and not without typographic errors.

Academic and scientific genre

Publications in which the central goal is to further a body of knowledge on a particular subject or in a particular discipline or field are the essence of our third genre. These texts are most often the result of research and scholarship, and they may vary dramatically, for example, according to content, style, and length. Practical exercises devoted to academic and scientific texts are found in Chapter 11.

Practical 6.1

1. Read carefully the following excerpt from chapter 3 of E. I. Zamiatin's famous novel, *We* (Moscow: Избранные произведения, 1989). Once you have read the ST, make notes about how you would proceed in producing a TT of the same genre. Apply the bi-level distinctions given above. Identify phenomena at the grammatical, lexical, and discourse levels that present challenges in producing the TT.
2. Only after completion of number 1, read each of five TTs based on Zamiatin's original text. Evaluate each TT for strengths and weaknesses, and select the TT that best meets the following purposes: (a) TT commissioned for publication as a literary translation for English speakers in the twenty-first century; (b) TT commissioned as a gist translation for a scholar of twentieth-century science fiction in world literatures; (c) TT commissioned for a mathematician interested in the mathematical images in the text.
3. Finally, create a new TT that could be published in a professional translation of Zamiatin's novel. Explain what aspects of the ST and the five TTs were the most beneficial in creating a sixth TT. Comment on each of the chapter titles in the ST and the five TTs. Which one(s) do you prefer and why? If none, create your own version of the title and headings for this passage.

ST

Запись 3-я
Конспект:

Пиджак. Стена. Скрижаль

. . .

Так смешно, так неправдоподобно, что вот я написал и боюсь: а вдруг вы, неведомые читатели, сочтете меня за злого шутника. Вдруг подумаете, что я просто хочу поиздеваться над вами и с серьезным видом рассказываю совершеннейшую чушь.

Но первое: я не способен на шутки – во всякую шутку неявной функцией входит ложь; и второе: Единая Государственная Наука утверждает, что жизнь древних была именно такова, а Единая Государственная Наука ошибаться не может. Да и откуда тогда было бы взяться государственной логике, когда люди жили в состоянии свободы, т.е. зверей, обезьян, стада. Чего можно требовать от них, если даже и в наше время – откуда-то со дна, из мохнатых глубин – еще изредка слышно дикое, обезьянье эхо.

К счастью – только изредка. К счастью – это только мелкие аварии деталей: их легко ремонтировать, не останавливая вечного, великого хода всей Машины. И для того, чтобы выкинуть вон погнувшийся болт – у нас есть искусная, тяжкая рука Благодетеля, у нас есть опытный глаз Хранителей . . .

Да, кстати, теперь вспомнил: это вчерашний, дважды изогнутый, как S, – кажется, мне случалось видать его выходящим из Бюро Хранителей.

. . .

TT l

We, trans. Gregory Zilboorg (New York: E. P. Dutton & Co., Inc., 1924)

Record three

A Coat

A Wall

The Tables

It is so droll, so improbable, that while I write this I am afraid lest you, my unknown future readers, should think I am merely a poor jester. I feel almost as if you may thing I want simply to mock you and with a very serious face try to relate absolute nonsense to you. But first I am incapable of jesting, for in every joke a lie has its hidden function. And second, the science of the United State contends that the life of the ancients was exactly what I am describing, and the science of the United State does not make mistakes! Yet how could they have State logic, since they lived in a condition of freedom like beasts, like apes, like herds? What could one expect of them, since even in our day one hears from time to time, coming from the bottom, the primitive depths, the echo of the apes?

Fortunately, it happens only from time to time, very seldom. Happily, it is only a case of small parts breaking; these may easily be repaired without stopping the eternal great march of the whole machine. And in order to eliminate a broken peg we have the skillful heavy hand of the Well-Doer, we have the experienced eyes of the Guardians ...

By the way, I just thought of that Number whom I met yesterday, the double-curved one like the letter S; I think I have seen him several times coming out of the Bureau of Guardians.

TT2

We, trans. Bernard Guilbert Guerney, in *An Anthology of Russian Literature in the Soviet Period: From Gorki to Pasternak* (New York: Vintage Books, 1960)

THIRD ENTRY: A Jacket. A Wall. A Table of Commandments.

This is so laughable, so incredible that, after having written the above, I am apprehensive: what if you, my unknown readers, should take me for a malicious wag? What if you should suddenly get the notion that I am simply intent upon making cruel sport of you and, with a serious air, am telling you utterly unmitigated bosh. But, first of all, I am incapable of jesting, inasmuch as the covert functioning of falsehood is a component of every jest, and secondly, Science in The One State affirms that the life of the ancients was precisely as I have described it – and Science in The One State is infallible. And besides, where was any logic of government to come from at that time, when people were living in a state of freedom – i.e., like brutes, like apes, like herded cattle? What could one demand of them, when even in our time one hears at rare intervals a wild simian echo issuing from the shaggy depths, from somewhere close to the very bottom? Fortunately, only at rare intervals. And, fortunately, we have only the unimportant failures of small parts – it is easy to repair them without stopping the grand, eternal progress of the whole Machine. And in order to throw out the warped bolt we have the skillful heavy hand of The Benefactor, we have the experienced eyes of the Guardians ...

Yes, by the way – I have just thought of something: that male number yesterday, the one in a double curve, shaped like the letter S – it seems to me that I chanced to see him coming out of the Bureau of Guardians.

TT3

We, trans. Samuel Cioran, in *Worlds Apart: An Anthology of Russian Fantasy and Science Fiction*, ed. with commentary by Alexander Levitsky.
(New York: Overlook Duckworth, 2007)

> *Record 3*
>
> Synopsis: A Jacket/A Wall/The Book of Hourly Tables
>
> It is so ridiculous, so improbable, that now that I have written it I am afraid: what if suddenly, you the unknown readers, should take me for a malicious jokester. What if suddenly you should think that I simply wish to have my joke at your expense and I am relating the most utter rubbish with a serious face.
>
> But first of all: I am not capable of jokes – falsehood is a secret function that enters into every joke; and secondly: the United State Science can not be mistaken. And where would any state logic be forthcoming in those times when people lived in a condition of freedom, i.e., like that of animals, apes, the herd? What could one demand of them if even in our time – from somewhere at the bottom, out of the shaggy depths, – a wild, apelike echo can still be infrequently heard?
>
> Fortunately – only infrequently. Fortunately – this is only a minor break-down in details: they can be repaired logically, without halting the eternal, mighty progress of the whole Machine. And for the disposal of the twisted bolt – we have the skillful, heavy hand of the Benefactor, we have the experienced eyes of the Guardians . . .
>
> Yes, by the way, now I remember: that male number from yesterday, the double-curved one, like S, – it seems to me that I have had occasion to see him coming out of the Bureau of Guardians.

TT4

We, trans. Clarence Brown (New York: Penguin Books, 1993)

> *Record 3*
>
> *Jacket*
>
> *Wall*
>
> *The Table*
>
> It's so funny, so improbable, that now I've written it I'm afraid that you, my unknown readers, will think I'm making wicked jokes. You might suddenly think I'm making fun of you and keeping a straight faced while I tell you the most absolute nonsense.

But in the first place, I simply can't make jokes – the default value of every joke is a lie; and in the second place, OneState Science declares that ancient life was exactly as I have described it, and OneState Science cannot make a mistake. Besides, where could any governmental logic have come from, anyway, when people lived in the condition known as freedom – that is, like beasts, monkeys, cattle? What could you have expected from them, if even in our day you can still very occasionally hear coming up from the bottom, from the hairy depths, a wild, ape-like echo?

Only now and again, fortunately. These are, fortunately, no more than little chance details; it's easy to repair them without bringing to a halt the great eternal progress of the whole Machine. And in order to discard some bolt that has gotten bent, we have the heavy, skillful hand of the Benefactor, we have the experienced eye of the Guardians.

Which, now I think of it, reminds me about that Number yesterday with the double bend, like an S – I think I saw him once coming out of the Bureau of Guardians.

TT5

We: A New Translation, trans. Natasha Randall
(New York: The Modern Library 2006)

Record three

KEYWORDS: *A Jacket, The Wall, The Table of Hours.*

It is so funny, and so unbelievable, and yet I'm nervous of what I've just written: perhaps, you, unknown reader, think I'm a malicious joker? Suddenly you're thinking that I simply want to make a little fun of you and in mock seriousness I am telling you the most absolute junk.

Well, first, I am not capable of joking – every joke, by function of its omissions, contains a lie; and, second, One-State Science confirms that the life of the Ancients was exactly so, and One-State Science cannot be mistaken. Yes, after all, how could there have been any logic to their government if all their people lived in that state of freedom, i.e., like wild animals, monkeys, herds? What could you possibly expect of them, when even today, on rare occasions, from some distant undersurface, from the shaggy depths of things, you can hear the wild echoes of monkeys?

Fortunately, it rarely happens. Fortunately, these are only minor incidentals: they are easily repaired, without having to stop the perpetual, great progress of the whole machine. And to expel the offending cog, we have the skillful, severe hand of the benefactor and we have the experienced eye of the Guardians . . .

Yes, by the way, I have just remembered: that twice-bent S-shaped man – it seems I once had the occasion to see him emerging from the Bureau of Guardians.

Practical 6.2

1. Compare two source texts (ST1 and ST2) given in Russian. These two articles are written on the same topic and within four days of each other for two different news sources in St Petersburg (Деловой Петербург and Балтийское информационное агентство).
2. Create different target texts based on the following directions: (a) outline the common information given in both texts; (b) comment on the tone of each of the source texts; (c) outline the unique information given in each of the two source texts.
3. What additional information would you like to know from the authors of ST1 and ST2? Formulate your questions in Russian and in English.
4. Are these news articles from printed newspapers or online web news? How can you tell?

ST 1

19:34   21 июля 2008 понедельник

Прокуратура Санкт-Петербурга определит права жильцов общежития Михайловского театра

Санкт-Петербург. Прокурорская проверка по факту выселения артистов Малого оперного театра из общежития на канале Грибоедова завершится 10 августа. Об этом сообщил журналистам в понедельник, 21 июля, солист Малого оперного (Михайловского) театра Александр Петров, передает корреспондент Балтийского информационного агентства (БИА).

По словам А.Петрова, в ответ на заявление жильцов прокуратура Санкт-Петербурга 10 июля начала проверку, в ходе которой должна определить официальный статус здания по адресу: канал Грибоедова, 4, а также права администрации театра и жильцов в отношении этого здания.

А.Петров добавил, что помимо заявления в прокуратуру жильцы общежития также направили письма президенту Российской Федерации Дмитрию Медведеву, губернатору Санкт-Петербурга Валентине Матвиенко, депутатам Законодательного собрания города и правозащитным организациям.

ST2

Михайловский театр расселил общежитие

«Деловой Петербург» № 130 (2696) от 17.07.2008

Санкт-Петербург

Разразился скандал вокруг общежития Михайловского театра на наб. канала Грибоедова, 4. В здании проводится ремонт. Выселенные артисты боятся, что обратно им уже не вернуться.

Как сообщают информагентства, артисты театра боятся, что на старое место их не пустят. По данным администрации театра, в общежитии было занято 27 комнат, из них жильцы остаются в четырех. «Всем артистам мы предложили денежные компенсации, чтобы на время ремонта они могли арендовать жилье», – говорит первый заместитель гендиректора Михайловского театра Татьяна Архипова. По ее словам, в четырех комнатах общежития живут те, кто пожелал остаться в прежних условиях. Ремонт будет идти до 15 сентября 2008 г., на него из горбюджета выделено 14,6 млн рублей. Все артисты получили письменные гарантии, что после ремонта они смогут вернутся в общежитие.

Директор департамента консалтинга и оценки АРИН Екатерина Марковец считает, что в этом здании логично было бы сделать мини-гостиницу либо жилой комплекс бизнес- или элиткласса.

Текст: Шмыглевская Юлия
Зырянова Марина

Chapter 7

Morphological and grammatical issues in translation

As we have discussed earlier, the process of translation requires constant reference to the principal agents and categories of any communicative act. There is no one translation that is inevitable when moving from ST to TT; rather, there is a multiplicity of appropriate and adequate translations whose success is measured by the matching of goal and product. Our CAM reminds us that we may never reduce the number of central features below a minimum of six, and that each of these features are in constant renegotiation between themselves and the other categories present in any speech act. In the previous chapter, we focused primarily on the tension that arises between *code* and *message* as dominants in poetic source texts and how to attempt to realize this tension appropriately in generating a TT. Any product must define clearly the type of bias that predominates in the translation process. Is the primary goal to create a TT that preserves the ST as closely as possible, including audience, authorial goals, cultural context, code, message and channel, or is the primary goal to create a TT that is reoriented in these fundamental ways to the target culture and language? Clearly, there will be many possible points along the continuum from ST to TT.

In order to bring into focus the difficulties in reconciling these six factors of CAM, we must look closely at the structure of Russian morphology and grammar. In this chapter we give a thorough review of the fundamentals of Russian inflectional and derivational morphology.

The structure of the Russian word: a basic review

All Russian words consist of two mandatory parts – (1) a root and (2) a desinence (ending). In addition to the root and desinence, there may also be present one or more prefixes and one or more suffixes, yielding the following model:

(prefix[es]) + **ROOT** + (suffix[es]) + **DESINENCE**

This model is adequate to describe all parts of speech for contemporary standard Russian.

A zero ending in Russian is considered to be an ending. The importance of zeros in Russian grammar is evident not only from the nominative case of masculine or third declension nouns, but also in the formation of the genitive plural (cf. стол (nom. sg. 1st decl. masc.), церковь (nom. sg. 3rd decl. fem.), книг (gen. pl. 2nd decl.), окон (gen. pl. 1st decl.)). Verbal forms also have zero endings in some imperative forms (for example, the second person singular imperative of –aj verbs (читай, сделай, работай) and some –i verbs (звони, ходи, лови)).

Russian parts of speech that participate in *inflectional morphology* include declension of nouns, adjectives, participles, numerals and pronominals, and conjugation of verbs. The declensional system of Russian distinguishes case, number, and gender. The conjugational system of Russian distinguishes number, gender, and person – no more than two categories are reflected per tense (present and future give number and person, past gives number and gender).

The following is a short review of inflectional and derivational morphology. It is important to pay special attention to *derivational morphology* (word-formative phenomena and resulting forms) since this is probably an area that has not been covered intensively in the students' coursework up to this point.

Inflectional morphology a summary

Nouns – three genders in the singular (masculine, neuter, feminine), six cases (nominative, accusative, genitive, dative, locative, instrumental), two numbers (singular, plural). Morphophonemic alternations are an important part of Russian inflectional morphology. For a thorough review of these alternations, see Andrews (2001: 18–21). The Russian verbal system is discussed separately following the section on derivational morphology.

Animacy and gender

Animacy is marked in the accusative case form of first declension masculine nouns and in the accusative plural of all declensions. Animacy is a *linguistic distinction*, and not one based on biological life; however, there are instances of intersection and non-intersection with living organisms (cf. N. туз, A. туза – 'ace').

Agreement and declensional gender

Gender is fundamentally signaled syntactically via agreement between adjectives, nouns, and verbs. There exists a statistically frequent set of epicene nouns (nouns that are both masculine and feminine cf. убийца, судья, тихоня, хапуга, соня, тупица). Gender signaling is a dynamic category that may **shift** (a) diachronically (e.g. лебедь – 'swan', f > m) or (b) in word-formative processes synchronically (e.g. позор, позорище – 'shame', m > n).

Nouns with restricted inflection

The Russian nominal system includes a number of nouns with (1) fixed number, meaning always singular (e.g. листва, старьё, сахар, родня, нефть, картошка, клубника) or always plural (e.g. алименты, перила, санки, сутки, усы, ножницы, часы, щи), as well as a growing number of (2) indeclinable nouns, mostly borrowings and including abbreviations, that do not inflect for case, number or gender. Most (not all) of the indeclinable nouns are neuter, while abbreviations cover all four categories. Note the examples in the table below.

Neuter	Masculine	Feminine	Plural
пальто	кофе	ООН	США
кенгуру	Гёте	ММВБ	СМИ
кино	МГУ	ЛДПР	ГКО
метро	МВФ	КПРФ	
МВД	МРОТ	ГНС	
МЧС	КГБ	ФСБ	

Derivational morphology: a summary

CSR derivational morphology is a robust array of modifications to all declinable parts of speech, primarily by means of prefixation and suffixation, including compound formations of both types. As was shown earlier, all Russian word forms have at least a ROOT and DESINENCE. The **root** is the *center* and *base* for **all derivation**, and in some cases the root does not occur without its word-formative components – these examples may or may not be cases of re-evaluation. While many prefixes and suffixes are compatible with all declinable parts of speech, some are more restricted in their combinatory relations. Below we will give a brief listing of the central prefixes and suffixes of CSR. Many of the prefixes of CSR are also preverbs and prepositions. There is only one instance where the semantics are not transparent, and that is with the prefix У- (e.g. уехать, уговорить, убить) as opposed to the preposition У (У меня нет собаки; он стоит у окна). For the most thorough explanation of Russian derivational morphology, see Vingradov's Russian Academy Grammar in three volumes (1960).

Prefixes: 24 native Slavic forms, multiple borrowed forms

(A) Prefixes of Slavic origin

Note that, in some instances, we are grouping together prefixes that can also be listed separately (e.g. О-, ОБ-). Compare the following pairs: осуждать, обсуждать; очистить, обчистить; оставить, обставить; ПЕРЕ-, ПРЕ-: передать, предать.

Prefix	Literal meaning	Examples
1. в(о)-	in(to)	вход, влюбиться
2. вз, воз, вс, вос-	upward	взгляд, возвращать
3. вы-	out of	выход, выбирать
4. до-	up to, until, to a point	довод, добавить
5. за-	behind, follow, begin	закат, забивать
6. из(о), ис(о)-	from inside to out	излишки, испить
7. на-	on(to), be evidenced	находка, накупить
8. над-	above, over	надпись, надкусить
9. не-	not	неправда, нездоровиться
10. о, об(о)-	around, circumscribe	объезд, оплатить
11.(о)без-, (о)бес-	take off, remove, without	безобразие, обезвредить
12. от(о)-	away from	отпуск, отделить
13. па-	step	пасынок, падчерица
14. пере, пре-	re-, across, over	перекур, предел
15. по-	set off, for a while, along	побережье, попить
16. под(о)-	under, sub-	подмышка, подлить
17. пол(у)-	half	полусидеть, полукровка
18. пра-	great, original	прадед
19. пред-	pre-	предложение, предстоять
20. при-	arrive, add on	приправа, прислать
21. про-	through (time or space)	промах, просидеть
22. раз, рас-	in multiple directions, un-	раскоп, рассылать
23. с(о)-	together, down from, co-	собутыльник, съехаться
24. у-	leaving, pulling to or from	уход, уговорить

(B) Prefixes of non-Slavic origin

These forms are most used in technical and specialized vocabulary. The most common prefixes include the following:

анти-, авто-, гипер-, квази-, контр-, макро-, микро-, псевдо-, супер-, ультра-, экс-

Suffixes: 50 agentive forms in nouns and adjectives, 14 non-agentive forms in nouns, and 14 non-agentive forms in adjectives

For a complete listing of these forms and a discussion of their semantics, see Vinogradov (1960) and Andrews (1996 and 2001). More information on suffixes is also provided in the online Tutor's Handbook that accompanies this work.

Russian suffixation is a powerful and one of the most complex phenomena associated with Russian derivational morphology. The topic of suffixation is not commonly taught in the second language classroom until the highest levels of proficiency. However, the translator must be sensitized to the important semantic distinctions that result from the use of affixes and suffixes in CSR, which is ubiquitous. We will briefly consider how meanings are affecting through suffixation by way of some telling examples.

As noted above, all Russian word forms must have a root and an ending (zero endings are still endings). When using prefixes and suffixes in derivational morphology, the resulting changes in meaning allow one to draw some important conclusions about the semantics of CSR.

First, while the root is of primary importance in all word-formative processes in Russian, it is also true that in many instances, the verbal prefix may be as important in conveying the required meaning of the speaker. What this means is that there are many examples of similar meanings (often spanning a range of different registers) given due to the same prefix, not common roots. Consider the following examples:

1. Вчера ребята опять напились   The guys got really drunk again last
            набрались   night.
            наклюкались
            нажрались

2. Меня подставили   I was set up.
     подвели
(Мне подложили свинью)

3. Коля был у зубного вчера, и врач   Kol'a was at the dentist's yesterday
вырвал ему зуб   and had a tooth pulled.
            вытащил
            выдернул

4. Мне не нравятся твои друзья: I don't like your friends – they are
они все время выделываются   always showing off.
            выпендриваются
            выкобениваются
            выступают
            вы—ваются*
(this is a curse word)

Second, the semantics of word forms may change dramatically as a result of word-formative processes. This includes not only semantic shifts, but changes in part of speech. Even in those instances when the root and the part of speech are the same, the meaning may be very different. Note the following examples:

дуб, дубка   oak tree, tanning (of leather)
Китай, китаец, китаянка, китайка   China, Chinese male, Chinese female,
     a type of silk
ход, ходики, ходок, ходули,   step/move, clock, womanizer, stilts
вход, выход, выходка, выходной   entrance, exit, prank/trick, free
     (as in day off)

экономный, экономичный, экономический	economical/frugal, economical/cost-saving/efficient, economic (dept., institute)
братик, браток, братец, братан	one's actual brother, brother as address form or term for males and mafia (usually plural), address form (more formal, usually pl.), address form by fellow sailors, or mafia.

The Russian verb: a summary

The Russian verb demonstrates the following categories:

Aspect: perfective, imperfective (including indeterminate/determinate), biaspectual

Tense: past, non-past, the future tense is given by the conjugated perfective verb or a form of быть followed by the imperfective infinitive

Mood: conditional, indicative, imperative

Person: 1st, 2nd, 3rd

Voice: passive, active

Gender: masc., fem., neut., in past tense and all participles

Number: singular, plural

Verbal aspect

The category of verbal aspect is considered to be one of the more interesting features of the Russian verbal system. The central meaning of the category of aspect in CSR, called вид ('view, look') is all about the *speaker's viewpoint* of the verbal action, including how the speaker (1) perceives the action and (2) chooses to characterize the action. The relationship between tense and aspect is straightforward: all present-tense forms are imperfective (несовершенный вид, НСВ), while past and future forms may be imperfective (НСВ) or perfective (совершенный вид, СВ). The list of bi-aspectual verbs (i.e. one verb form giving both aspects) is generally made of foreign borrowings, and this group of verbs is productive and growing.

While the English verbal system may demonstrate some aspectual information, aspect is not one of the major defining structures of the English verb. The following remarks are a summary of some of the most important defining principles of Russian verbal aspect. The specific difficulties that arise for L2 learners working with Russian texts are included in this summary.

While aspect is primarily about the *speaker's viewpoint of the action*, it is also true that speakers are part of speech communities and communities of practice, and this requires that the L2 learner of Russian become aware of the aspectual norms of L1 speakers of CSR.

Aspect is about dialogue, questions and answers. In short, it is a generally correct to maintain the same aspect in the answer as given in the original question. Changing the aspect from question to answer changes the stakes and is powerful. This strategy is commonly used to strongly deny an allegation.

L2 speakers of Russian tend to *underuse* imperfective verb forms. The semantics of the imperfective are rich and encompass a wide range of meanings, depending on the other formal characteristics of the verb. For example, in the imperative mood, an imperfective form may be extremely polite and inviting, or very rude and aggressive – the ultimate meaning will depend on the accompanying linguistic and non-linguistic contexts. The most common error type found in many L2 speakers is usage of the perfective in the past tense when the imperfective is required.

The imperfective aspect primarily focuses on the verbal process by ***naming the action***. The imperfective verb does not exclude achievement of result; rather, it focuses more broadly on the action as a whole.

In word-formation, it is the perfective stem (root + suffix) that is the base form for deriving the imperfective form. It is also the perfective form that is **more restricted semantically**. Often, the meaning of perfective verbs is characterized by the notion of a **bounded** verbal action, a ***sense of completeness***. One other feature of perfective verbs that is of central importance is the denotation of actions where the **result is relevant up through the moment of speaking**.

Translation, participles and verbal adverbs

Participles and verbal adverbs are characteristic of a large majority of Russian texts. Even in oral discourse, short-form past passive participles and verbal adverbs are commonly used. The translator will spend a significant portion of time dealing with these constructions. Here are a few remarks to facilitate the translation process from Russian to English.

Russian participles, which are morphologically deverbalized adjectives (i.e. adjectives formed from verbal stems), are marked for voice (active, passive), aspect (imperfective, perfective), and tense (past, present). Participles are ubiquitous in Russian scholarly, literary, technical, and media texts.

Given the important role that participles play in generating sentence structures that are, in many cases, significantly longer than typical sentences in English, the translator should be prepared to divide ST Russian sentences into two or more TT English ones. Note the following example.

Practical 7.1

1. Read the ST carefully. Modify the TT below by using two or more sentences to correspond to the ST of Article 1514 given directly below.

From Гражданский кодекс РФ, ч. 4-я: ed. and trans. Peter B. Maggs and Alexei N. Zhiltsov (Moscow: Wolters Kluwer, 2008), 402–4

Статья 1514 (Прекращение правовой охраны товарного знака):

1. Правовая охрана товарного знака прекращается: . . .
6) на основании принятого по заявлению заинтересованного лица решения федерального органа исполнительной власти по интеллектуальной собственности о досрочном прекращении правовой охраны товарного знака в случае его превращения в обозначение, вошедшее во всеобщее употребление как обозначение товаров определенного вида.

Article 1514. Termination of Legal Protection of a Trademark

1. Legal protection of a trademark shall be terminated: . . .
6) on the basis of a decision of the Federal agency of executive authority for intellectual property adopted at the request of an interested person on the early termination of legal protection of a trademark in case of its transformation into an indication that has gone into general use as the indication of goods of the specific type.

Practical 7.2

Participles may often correspond to English "that" and "which" clauses, but there are also many instances where the participle is translatable as a modifying adjective.

1. Identify the participles in the following two STs and produce corresponding TTs.

ST I

Alina Družinina, Час пик, № 25 (542), p. 6, 25 июня – 1 июля 2008 года

Внутренний рынок – прежде всего!

Доля Газпрома в мировых запасах газа – 17 процентов. В 2007-м году Газпром добыл 548,6 млрд кубометров – пятую часть всего ежегодно добываемого в мире газа. У Газпрома самая протяжённая система магистральных газопроводов – 157 тысяч километров – почти четыре экватора Земли.

За последние годы в российской индустрии появились целые отрасли, способные оплачивать газ не по регулируемым, а по объективно складывающимся рыночным ценам.

ST2

Excerpt from Закон, № 4, p. 75, Author: Larisa V. Semiletova, «Чужие дети становятся родными»

> Созданная в России сеть воспитательных учреждений, предназначенных для детей, лишенных нормальных условий воспитания, лишь на семь процентов удовлетворяет потребности.

Practical 7.3

1. Produce an English TT of the following ST, paying special attention to all participial forms.
2. How many sentences were needed for the TT and why?

Oleg Alekseev, Час пик, № 25 (542), p. 2, 25 июня – 1 июля 2008 года

> *План по призыву вылечит больных*
>
> По федеральному закону «О воинской обязанности и военной службе» любой юноша, считающий себя больным, но признанный годным к военной службе, может пройти контрольно-медицинское освидетельствование, дабы эскулапы установили истину. Контрольно-медицинское освидетельствование для многих призывников, действительно страдающих от болезней, -- единственный шанс по закону избежать армии. Именно вокруг этой нормы закона между призывниками и военкоматами происходит больше всего споров.

Practical 7.4

1. Generate a TT of the same genre.
2. Identify all participial forms in the text and their function in the text.
3. Preserve the tone of the passage and pay special attention to the participles and verbal adverbs.

Before doing Practical 7.4, read the following remarks on gerunds in English.

Gerunds in English are much more robust in their range of usage than the Russian verbal adverb. Furthermore, the English gerund has less morphological restriction than what is available in the Russian verbal adverb. Compare the examples given below and note where the Russian verbal adverb is or is not possible as an option for the translator. IMPORTANT: Russian *verbal adverbs* (деепричастие) may only be used when the following main clause has a subject in the nominative case:

Вернувшись домой, отец
сразу пошел спать

Upon returning home [or *having returned* home], father went directly to bed.)

Remember: Russian verbal adverbs may be translated with a variety of forms. Note the following examples:

Разговаривая по телефону, Ваня ужинал.
   While talking on the phone, Vanya ate his dinner.
Поев (или закончив ужинать, закончив ужин), мы пошли в кино.
   Having finished dinner/upon finishing dinner/after dinner, we went to the movies.

Book titles that use gerunds in English are a challenge to translate into Russian. In general, the best approach is to use a nominal form in Russian in most cases. For example:

Assessing Writing   оценка «в письме»

The form оценивание is possible, but it is not a typical Russian form, and could be poorly understood.

Practical 7.5

1. The following short passage is from Marina Bojcova's article on the risks of many of the rides now available at local parks in Russia. Translate the ST into English. Preserve the tone of the passage and pay special attention to the participles and verbal adverbs.

Марина Бойцова, Час пик, № 25 (542), p. 10, 25 июня – 1 июля 2008 года

Страшное это дело – развлечение отдыхающих
То есть фактически любой коммерсант, купив где-нибудь на западной свалке пару-тройку списанных раздолбанных паровозиков и получив формальное согласование районной администрации (а то и без него), мог начать работать буквально от розетки.

Many English-language films have gerunds or single verb forms in their titles. This causes havoc for the Russian translator, as is evidenced from the following examples:

Being There	Будучи там
Being John Malkovich	Быть Джоном Малковичем
Bewitched	Моя жена – ведьма
Wanted	Особо опасен

The official translation of **Being There** (book and film) is grammatically unacceptable in Russian, and yet it exists (!).

For summaries of grammatical, syntactic and discourse phenomena, see Chapters 2 and 9.

Practical 7.6

Below are two quotes, one from Krushchev and one from John F. Kennedy.

1. Explain how these two quotes are different in terms of their structure and role in their respective SLs.
2. Create one TT for each of the two quotes, one in English and the other in Russian.
3. What problems were encountered in creating the TTs for each quote?

ST

> Догнать и перегнать Америку.

ST

> There are three things that are real: God, Human Folly, and Laughter. The first two are beyond our comprehension, so we must do what we can with the third.

Chapter 8

Literal and figurative meanings and translation

> **All of meaning responds to social space.**
> (Bolinger 1975: 327)
> **There is no signatum without signum.**
> There is no meaning without form.
> (Jakobson 1949)

The morphological structure of contemporary standard Russian is such that the semantic load is distributed fundamentally differently than in modern English. The case system along with word-formative combinations play a central role in giving the semantic framework for the grammatical and lexical morphemes of Russian, a set of forms that are quite finite and which generate meaning through powerful word-formative processes (prefixes and suffixes building onto roots), as opposed to simply adding individual lexemes to the language. For example, we have already seen in Chapter 7 that the simple addition of a prefix or suffix can drastically affect the meaning (cf. рука – hand, but ручка – pen, doorknob, (little) hand). Which meanings of ручка are literal and which are figurative? Or perhaps we should ask the question differently: Which meaning is the central (or main) meaning of the term? The answer is not obvious, and in fact, it would be controversial to insist on any one of the meanings as THE meaning of the lexeme. One might adopt different strategies in order to identify a central meaning, including (1) context and (2) statistical frequency.

However, what is more important than the problem of literal and figurative meaning is establishing the intended and appropriate meaning of a term in the context in which it occurs in the ST. Contemporary standard Russian makes a habit of *extending the semantic fields* of simple lexemes (especially nominal and verbal forms) in a variety of ways that are tied both to form and meaning. Consider the following examples:

лимонка – grenade, "lemon" (лимон – lemon)
совок – dust bin, "Soviet" person (derogatory term)
собака – dog, sign used in e-mail addresses (@)
хрен – horse radish, slang for penis (and used in a large number of set expressions)

блин – pancake, weight (on a bar bell), semi-euphemistic expletive (Oh, rats!)
восьмёрка – the number 8 bus, trolley, or tram, the number 8 of the tele-
phone dial pad, the university cafeteria at St Petersburg University, the
BIG 8 (political group of European nations – Большая восьмерка), etc.

In this small set of examples, it is relatively easy to distinguish the literal meaning
from the figurative ones. And the type of similarity relationship between the form
and meanings is also derivable:

лимонка: the shape of a grenade and lemon (as extra-linguistic objects/ref-
erents) are visually similar;
совок: the phonemic structure of совок has the same first three phonemes as
советский;
собака: the @ looks like the first two alphabet letters spelled in собака;
хрен: the horse radish (the vegetable, not what you buy in a jar) is stick-like
(extra-linguistic visual-based similarity);
блин: the pancake is flat and round like the weight; as an expletive, the first
two phonemes are the same as a Russian obscenity used as an exclamation;
восьмёрка: anything that is associated with the number eight, with very
specific local definitions. (This will be true for any numeral with the -or/k-(a)
suffix/desinence combination. The slash within the suffix designates the
presence of a vowel/zero alternation (cf. genitive plural восьмёрок).

We are not trying to deny that there is often a clear difference between literal and
figurative meanings if one is using a *definition of meaning that is primarily about
reference to extra-linguistic objects or categories*. However, what is more important for Russian translation studies is not the difference between literal and figurative, which may be found in almost any lexeme, but rather the way in which
Russian extends semantic relationships using an individual word form. The translation of these extended semantic fields is one of the most difficult areas associated with translation from Russian into English; we will attempt to reveal some
of the underlying principles of organization of Russian word-formation by looking at specific examples.

A note about dictionaries

Not to sound dramatic, but bilingual dictionaries (for example, Russian–English
or English–Russian) are often more trouble than they are worth. Given the general lack of context of individual terms, the student has no guidelines in which to
select the appropriate word form in the target language. It is clear that the use of
monolingual dictionaries (English–English, Russian–Russian) is a critical step in
the process of dictionary usage. At the earlier levels of acquisition, it is not fea-
sible to remove the bilingual dictionary from the learning process, but it should
be used together with monolingual tools, where the monolingual dictionary is
used in the process to facilitate what is more like a *back-translation* process.

The following exercise is designed to draw attention to the complex relationship between Russian and English lexemes. While we are primarily interested in Russian to English translation, this exercise has a specific goal, which is to show how one Russian prefix/root combination (as noun or verb) can be associated with unrelated English grammatical and lexical forms.

Practical 8.1

1. Translate the following sentences into Russian. Use one and the same verbal prefix/root combination in Russian (with modified tense, aspect, and reflexivity) to render these very different lexemes in English. (In one instance, it is a nominal form of the same prefix and root.)
2. How has your understanding of the relationship between English and Russian word forms been modified as a result of this exercise?

(1) Vanya gained too much weight and is now trying to lose it.
(2) You have dialed the wrong number.
(3) Be patient and wait for the call.
(4) Olya brought home a lot of new books after her last visit to the public library.
(5) S'eva had too much to drink and behaved badly.
(6) The kids gathered lots of mushrooms and went home.
(7) I need to collect material for research on my article.
(8) Why are you so quiet? Is your mouth full of water? (this is a set expression in Russian)
(9) The train picked up speed.
(10) We bought a wonderful set of tools for the car yesterday.
(11) I need to type up the article.
(12) We can't stop now – we've already typed in/up the article.
(13) He needs some time in order to regain his strength after such a serious illness.
(14) While strolling through the forest they collected a full bouquet of daisies.
(15) It's raining really hard outside. My shoes are full of water.
(16) The plane kept gaining altitude until it reached 10,000 meters.

Tutorial 8.1 in the Tutor's Handbook is devoted to this exercise.

Synonymy, homonymy, and polysemy

Linguists have been arguing for hundreds of years about the essence of linguistic meaning. One of the results of the struggle to define linguistic meaning is the naming of categories of types of meanings between word forms in language. The most traditional of these terms includes the following:

1. synonyms – two or more words have the same meaning (e.g. глупый, дурацкий – stupid (adjective));
2. homonyms – two or more words have the same form but different meanings (e.g. лук – onion, bow);
3. polysemes – one word form has multiple meanings (e.g. English *bank*, наговорить – say too much, say a lot, record onto a tape, slander (usually imperfective)).

Do true synonyms exist within one language? It is probably not the case that any two words have exactly the same meaning, but they may display a great deal of overlap and intersection. And if we are unable to find full synonymy within one language, it is even more unlikely to discover synonyms across two or more languages. What about homonyms? Homonyms often have different forms in distinct grammatical realizations. For example, genitive singular луку can only refer to 'onion', while genitive singular лука may refer to 'onion' or 'bow'; the English *bank* (verb) – 'he banked on it' vs *bank* (noun) – 'my bank is closed' (the –ed ending could never occur on the noun *bank*).

In the end, polysemy is probably a more realistic way of viewing linguistic meaning.

A difference in form yields a difference in meaning, but sameness in form may also yield different meanings (within one language or across multiple languages).

This principle follows from our premise of **translation loss** as stated in the initial chapters of the book – all translations from ST > TT lose meaning; there is **never true equivalence**; rather, there are varying degrees of **success of the TT through minimizing differences** in transitioning from ST > TT.

Characterizing the differences in lexical meaning

When moving across languages, the relationship between word forms will form a continuum:

No overlap   some overlap   almost complete overlap

Along this continuum are subset and superset relationships as well, where in the first case, the ST form is a subset of the meaning of the TT form (called *hyponym*) (e.g. Russian свекровь is only the mother-in-law of the wife vs. English "mother-in-law" who is the mother-in-law of both the husband and the wife), or the ST form is a superset of the meaning of the TT form (called *hyperonym*) (e.g. невестка is 'daughter-in-law' and 'sister-in-law').

Practical 8.2

Give a list of (almost) all of the possible lexemes for "mother" and "mom" in Russian. You should come up with at least 12 (there are more).

Practical 8.3

1. Translate the following Russian lexemes into English. Give at least two definitions per term. Refer to the passages given below to find meanings of these terms.
2. Can you classify the meanings into categories (homonyms, polysemes, literal, figurative)? Comment on any aspect of these words that you feel to be relevant.

пол
мушка
выход
приход
прилив
номер
камера
зараза
фигура
прокол
губа
мусор
носок
туалет
лист
брак
очки
гардероб
свет
ушко
изменять
находиться

Practical 8.4

The following ST is an excerpt from Andrej Gelasimov's novel, Год обмана (Moscow: OGI, 2005), 71.

1. Read the ST carefully before beginning the process of creating the TT. Note that this is dialogue, so the stylistic flavor is oriented toward oral texts.

2. Produce the TT. Pay close attention to all meanings and expressions that are closer to the "figurative" end of the continuum.

3. Write out all discourse particles that appear in the ST and explain your strategies for translating them for the TT.

ST

–Блин! – заорал он изо всех сил.

Я раньше и не видел, чтобы он так заводился.

– Он достал меня! Что он ко мне лезет?!

Я молча сидел и смотрел на этого юношу. «Мне бы его проблемы», – мелькнуло у меня в голове.

– Ну давай я ее без тебя отвезу. Скажу, что ты заболел, а у меня как раз день свободный. Куда ехать-то?

Он неожиданно взял себя в руки. Сел в кресло напротив, зажал руки между колен и через минуту был уже в полном порядке.

«Папина школа, – отметил я про себя. – Далеко мальчик пойдет. Перебесится и пойдет, куда надо».

– Заберешь ее из института в двенадцать часов, а потом отвезешь в Латыркино – она там на лошадях катается.

– Латыркино? А где это?

– За Люберцами. Первый поворот направо. Там, кажется, написано «Чкалово» на указателе.

– Прикол! Ты-то откуда знаешь?

– Знаю! Ездил с ней на автобусе. Как-то еще один раз удалось удрать от охраны. На целый день. Больше уже не удавалось.

Practical 8.5

The following passage is from Viktorija Platova's novel, Такси для ангела (Moscow: Izd. Astrel', Act, Xranitel', 2007), 155. The footnote is from the text of the novel.

1. Read the ST and mark the following: (a) foreign borrowings and foreign words in the text; (b) any figurative, set expressions; (c) passages that present special problems for the TT.

2. Create the TT.

3. What happens to the footnote in the TT?

Ксоло наконец-то успокоилась, и я спустила ее с рук. Теперь нужно следить, чтобы они не потянулись – ни к Аглаиному чемодану, ни к ноутбуку, стоящему здесь же, на столе, возле окна. Ноутбук, равно как и чемодан, были частью ее рабочего кабинета, той самой privacy[1], попытка влезть в которую может закончиться плачевно.

Даже для меня.

Интересно, забит ли в ноутбук ее новый роман? Роман, который никто еще никогда не видел и о котором все так много говорят.

Лучше убраться отсюда – от греха подальше. Иначе Аглая может обвинить меня в промышленном шпионаже.

Но убраться вовремя не получилось: приоткрыв дверь, я нос к носу столкнулась с Аглаей.

---

[1] Уединение, одиночество, уединенность (*англ.*).

Chapter 9

Discourse, register, and translation issues

One of the unique aspects of our CAM and CAM_2 is the fact that they introduce the *discourse level* from the ground up. These communication act models require that the minimum semiotic unit is no longer the phoneme or morpheme, but the speech act itself. And the term *speech act* in this context is more of a collective than a singular, and may include multiple *utterances*. (The term *utterance* may be understood to include the term *sentence,* but is more flexible in that it may also be a *phrase* or other unit of discourse.) As we discussed in previous chapters, one of our goals is to develop a working theory that can operate at the *textual level*. In so doing, we are constantly aware of the importance of the cultural context in determining textual meanings. We have reinforced the importance of textual-level cultural meanings not only through the CAM models, but also in our working definition of genre and hybrid-genres, as well as our definition of lexical meaning in Chapter 7.

> *Remember: All changes in form yield changes in meaning.*

We recommend using the definition of discourse found in Hatim (1997: 216) as a starting point for this chapter, where **discourse** is "modes of speaking and writing which involve social groups in adopting a particular attitude towards areas of sociocultural activity . . . "

Discourse and working memory

Linguistic definitions of discourse usually involve some remarks about *defining discourse itself*, which include things like *size* of the utterance (usually larger rather than smaller) and *types* of units (sentences, utterances, speech acts, markers, pragmatic discursives, etc.) that are connected into a meaningful, consistent whole. Definitions may also include the *functions of discourse* (referential, social, affective, and others). Cultural linguistics focuses more on **discourse scenarios**, which includes the notion of verbal interaction (performative, pragmatic speech acts) and the contexts/participants in which these verbal interactions are embedded (cognitive models of verbal interaction) (Palmer 1996: 172, 292). One could argue that discourse, as studied by sociolinguistics, cultural linguistics, and semiotics, is about establishment, realization, and re-enactment of networks both within the linguistic text and within the cultural/cognitive context of the speech act itself. There are many names for the larger context in which discourse scenarios are realized, including *situation models* (Palmer 1996)*, information state* (Schiffrin 1987)*, or knowledge schemas* (Tannen and Wallat 1993) (see Palmer's discussion 1996: 171–2). Whenever we deal with discourse phenomena, we must directly deal with **expectations** of the interlocutors involved in the event. These expectations are simultaneously phonological, morphological, grammatical, lexical, syntactic, semantic, and pragmatic. While the terms **semantic** and **pragmatic** overlap in many senses, we will use the term *semantic* to refer to what is generally called *linguistic meaning* (the meanings, literal and figurative, one finds as *potentials* for a given linguistic form), while *pragmatic* will be more closely connected to the *application of these meanings* in appropriate ways within the cultural context.

One of the interesting lessons to be learned from discourse has to do with typical **time frames** in which discourse occurs. Donald (2001: 47–57) points out how lengthy a single conversation may actually be – not minutes, but hours long – and most participants in these discourse events are able to function normatively (including keeping up with the content, who said what, self-monitoring, manipulating significant amounts of knowledge on a variety of topics, the physical real time frame and the social frame in which the conversation occurs) by constantly "updating working memory" (2001: 49). Donald argues that our significant capacity for "cultural mindsharing" that we see in human language "emerges only at the group level and is a cultural product, distributed across many minds" (2001: 11–12).

There are important concepts connected with the study of discourse in translation studies. We will briefly review some of these contributions by defining the concepts of *register*, *cohesion*, and *coherence* as found in the words of Baker, Halliday, and House.

Halliday's model of discourse analysis requires that the communication act be embedded in the sociocultural environment, which strongly influences the following categories in a specific order: (1) genre, (2) register, (3) discourse semantics, and (4) lexicogrammar (Munday 2001: 90–1). What is particularly interesting is the three types of *register* originally developed by Halliday (and revised with expanded definitions by House):

> **field**: topic, social action (including specific terms used in the text);
> **tenor**: relationship between the participants (addresser and addressee);
> **mode**: channel (oral/written) and degree of interaction of participants (House 1997: 105–9; Munday 2001: 90–3).

The generic definition of **register** in sociolinguistics is generally compatible with this tripartite distinction; however, the term in sociolinguistics often evokes the notion of type/level of language used (e.g. colloquial, literary, sub-standard, slang, etc.).

The application of field, tenor, and mode registers is to facilitate comparison between ST and TT throughout the translation process, and House developed it for both the translation process and evaluation of errors in the translation product.

Textual **cohesion** is a term that generally refers to the tangible linking elements (often lexical) given in the text itself. In Russian, these cohesive elements will often be called **particles**, even though they are self-standing, independent lexemes. **Coherence** is related to cohesion, and "depends on the hearer's or receiver's expectations and experience of the world" (Baker 1992: 219). In Baker's system, coherence is one of three pragmatic forces, the other two being *presupposition* and *implicature* (1992: 217–60). Clearly, cohesive elements are directly connected to the code itself, while coherence is more directly related to the cultural context in which the text is situated and requires knowledge of the culturally given **discourse scenarios** that speakers and hearers use in linguistic interactions.

Some of the most important (and ubiquitous) discourse-level issues that every translator must deal with can be divided into three basic categories:

1. proverbs, sayings and collocations;
2. intertextuality;
3. discourse markers and their meanings.

We will consider each of these categories, identify the Russian-based specificity of each category and engage these concepts in the exercises at the end of the chapter.

Proverbs, saying, and collocations

Contemporary standard Russian is notably different than English in its penchant for using a range of set expressions, from simple collocations to sayings and proverbs, across the registers and genres of Russian. It is important to note the difference in these terms, which includes explication of their Russian source terms (translated from S. A. Kuznecov's 1998 dictionary, Большой толковый словарь русского языка, St Petersburg, Russia):

> **Пословица** (proverb): short, figurative expression that can be uttered in a range of real-life situations that has a instructive meaning, a moral;
> **Поговорка** (saying): short, set expression often figurative and rhymed, but without an instructive meaning and not a completed utterance.

Note that the English terms *proverb* and *saying* are given as synonyms in the *American Heritage Dictionary* (1973: 1053). While the English terms both refer to their shortness and pithiness, neither term covers the full meaning of the Russian terms.

In addition to these two basic types, which may in some instances overlap, there are other general terms for set expressions and collocations, including устойчивое выражение, фразеологизм, фразеология, крылатое выражение. Additional confusion has occurred given the fact that many publications combine the пословица and поговорка in single published editions, thus avoiding the issue of distinguishing between the two.

One of the clearer definitions distinguishing these two fundamental types of sayings is found in Dal'(1862/1957: 18–20), where he states that the пословица has a two-part structure, while the поговорка is only the first part of the пословица. The second part of the пословица is some type of judgment or maxim based on the first part. (For an in-depth look at Russian proverbs in a comparative light, see Troy Williams's Ph.D. dissertation, 2000.)

Note that in some instances one and the same expression may be considered to be both а пословица and а поговорка, but there is usually one or more words missing from the поговорка. However, the modification of а пословица does not automatically change its status (cf. the proverb Язык до Киева, even without the final word (доведет), is still considered to be а пословица). Also, the difference between a general set expression and поговорка may also be blurred.

> **What is most important is to be able to identify that a given expression IS a set expression.** *Being able to distinguish between these different types of set expressions is not as important.*

Compare the following examples:

Пословицы:

На вкус и цвет товарищей нет.	It's a matter of taste.
	To each his own.
За что боролись, на то и напоролись.	Be careful what you wish for.
Легко чужими руками жар загребать.	It's easy to have someone else do your dirty work.
Баба с возу, кобыле легче.	Good riddance!
Язык до Киева доведет.	Nothing ventured, nothing gained.
Рыбак рыбака видит издалека.	Birds of a feather flock together.
	It takes one to know one.
Первый блин – комом.	If at first you don't succeed, try again.

Поговорки:

Собаку съесть	have something down pat
Чужими руками жар загребать	let someone else do your dirty work
Свинью подложить	screw someone over
Из ума выжить	to have lost one's mind
Язык без костей	can't keep a secret, talk too much
Коньки отбросить	kick the bucket, buy the farm
Бабушка надвое сказала	that remains to be seen

Устойчивые выражения, фразеологизмы:

Уму непостижимо	unthinkable, unimaginable
Дохлый номер	non-starter, dead end
Ни в какие ворота	something that is way out of line, inappropriate

The significant occurrence of a range of proverbs, sayings, and set expressions will consistently present challenges for the translator. Our CAM model outlines the different strategies for dealing with these discourse-level phenomena that generate potential TENSION between the ST and TT. The most important thing to remember is that *the translator must be able to identify the presence of set expressions in the ST.* By misinterpreting the status of a phrase in the ST, there is little chance that the TT will be able to achieve its goals. (The translator certainly would not want to hear the following said about his/her work – Пролетели, как фанера над Парижем. They really missed the boat on that one.)

Set expressions, phraseologisms, and collocations

In addition to the robust group of proverbs and sayings, there is another group of collocations that are also significant and extremely frequent in normal oral and written discourse. There are numerous specialized dictionaries devoted to word collocations of this type, and these dictionaries are a useful resource for the translator. One could select practically any lexeme in CSR and find numerous expressions connected with it. For example, the word рука (*hand*) occurs in over 35 very common expressions, many of which are not obvious if translated literally:

(1) Возьми себя в руки.
(2) Вот, пожалуйста. Вчера во сне сырое мясо видел, а сегодня заболел. Вот тебе и сон в руку.
(3) Я все хочу написать статью о новых законах, но руки не доходят.
(4) После смерти матери старшая сестра все прибрала к рукам.
(5) Миша работает день и ночь, не покладая рук.
(6) Почему ты хочешь уволиться? Твоему начальнику это будет только на руку. Он давно хотел взять на твое место своего племянника.
(7) Где находится парк? – Иди прямо, дойдешь до угла, поверни на право, а там – рукой подать.
(8) Он такой противный, что у меня рука не дрогнет сделать ему какую-нибудь гадость.
(9) У родителей столько барахла дома, что прямо руки чешутся, хочу у них выбросить все.
(10) Она мне ничего не сможет сделать – руки коротки.
(11) Что ты сидишь, сложа руки? Работать надо!
(12) Когда я голодный, мне не до диеты. Что под руку подвернется, то и съем.
(13) Я столько лет веду устное тестирование, что я давным-давно набила руку на этом деле.

Practical 9.1

1. Translate the preceding expressions with the word рука.
2. Can you think of any other Russian expressions with the word рука?

Practical 9.2

Each of the following Russian short texts include some form of proverb or saying.

1. Identify the sayings in the ST.
2. Translate the proverbs and sayings into English.
3. Produce a TT for each text.

9.2.1. From the weekly journal, *Gloria*, insert to the Russian Cosmo (June 2008), 9

«Как аукнется, так и откликнется»

В этой фразе много правды, на мой взгляд. Я всегда стараюсь поступать с людьми только так, как хочу, чтобы они поступали со мной. Даже если человек никогда не ответит тем же или забудет о моих добрых делах, это неважно. В конце концов, мы живём один раз, поэтому надо делать только хорошее, дарить людям смех и улыбку – это так важно именно сегодня! Добра очень не хватает в нашем мире.

9.2.2. From the weekly journal, *Gloria*, insert to the Russian Cosmo (June 2008), 35

БИТЬ ИЛИ НЕ БИТЬ?

Психологи считают, что бить посуду во время скандалов полезно! Во время стресса в организме увеличивается количество «тревожных» гормонов – адреналина, в результате чего ты испытываешь желание активно влиять на ситуацию. Если в процессе ссоры ты не даёшь выхода своей жажде деятельности, гормональная система возвращается в нормальное состояние гораздо медленнее. К тому же, когда ты бьёшь посуду, агрессия переносится с партнёра на посторонний объект, и вы с любимым миритесь быстрее.

9.2.3. From L. Petrushevksaya's short story, Гигиена (Собрание сочинений, vol. 2, Moscow: ТКО АСТ, 1996), 104

Однако звонков больше не раздавалось на лестнице. То есть ездил лифт туда-сюда, даже выходили из него на их этаже, но потом гремели ключами и хлопали дверьми. Но все это был не тот человек в шляпе. Он бы позвонил, а не открывал бы дверь своим ключом.

Николай включил телевизор, поужинали, причем Николай очень много ел, в том числе и хлеб, и дедушка не удержался и сделал ему замечание, что ужин отдай врагу, а Елена заступилась за мужа, а девочка сказала: «Что вы орете», – и жизнь потекла своим чередом.

9.2.4. From D. Dontsova, Прогноз гадостей на завтра (Moscow: Eksmo, 2003), 271

– Как же вас бабушка отпустила? – удивилась я.
Лика засмеялась.
– Не было бы счастья, да несчастье помогло. Глупость моя помогла.
– Каким образом?
Анжелика закурила.
– Ну и дура же я была, прямо цирк. Только зачем вам это?

9.2.5. From Ludmila Ulickaja, Сквозная линия, повесть (Moscow: Eksmo, 2006), 324–5)

А под конец разрыдалась, потому что ее чуткой душе открылось что сестра дорогая обошла ее на кривой козе, и ничего она от дядюшки не получит, а все сестре достанется. И тогда Евгений Николаевич утешил ее, по голове погладил, вытер платком, как она сама вытирала своим воспитанникам, ее обидные слезы, и плакать не велел.

9.2.6 From Viktor Astafjev's novel, Печальный детектив (Leningrad: Lenizdat, 1989), 89

В новый год Маркел Тихонович наденет синий костюм с давно и прочно к нему прицепленными наградами, выпьет медовушки, дружелюбно и блаженненько улыбаясь, станет угощать соседей, потом подопрется рукой и запоет: «Разбедным-то я бедна, плохо я одета, нихто замуж не берет деушку за это...» Евстолия Сергеевна высокомерно махнет на него рукой: «Ну, была у волка одна песня, и ту перенял!» – ...

9.2.7. From Tatjana Ustinova's novel, Одна тень на двоих (Moscow: Eksmo, 2002), 147

– Дернул меня черт связаться с душевнобольным! – злобно выговорила Марта. – Ты надоел мне, Данилов. Хуже горькой редьки надоел. Ну, если ты во всем виноват, пойди и повесься.

9.2.8. From Mixail N. Kuraev's collection of short stories and novellas,
Жизнь незамечательных людей (Kurgan: Izd. Zauralje, 1999), 429, 462

Большинство людей склонны доверять самим себе, и то, до чего мы доходим своим умом, ценится по особому счету.

Иносказание как раз и предоставляет нам возможность самим сделать последний шаг на пути к истине. Сделав этот шаг, мы как бы исполняемся иллюзией пройденного пути. Конец – делу венец!

...

История – автор иронический. Смешно, конечно, что именно Петр Великий, которому, по мнению Пушкина, принадлежит бессмертный афоризм: «курица не птица, прапорщик не офицер, женщина не человек», – отдал после себя трон в руки четырем женщинам.

As mentioned earlier in this chapter, the significant occurrence of a range of proverbs, sayings and set expressions will consistently present challenges for the translator.

> *Remember: If the translator fails to identify the presence of set expressions in the ST, it is highly improbable that the TT will be able to achieve its goals.*

Intertextuality

The term "**intertextuality**" is used when a set of texts are perceived to share important characteristics to other texts within the same language or culture. This *sharing of characteristics* may occur at any level of the text, including exact quotes (with or without quotation marks), thematic content or structural principles of the text (including genre and register). Russian culture is well-known for its affinity of intertextual borrowings. In fact, given the censorship of the Soviet period, where so many great works of Russian literature and verbal art forms (and the musical and visual arts as well) were not published for over half a century, the importance of intertextual ties became even more significant. One of the more popular approaches to the study of intertextuality is found in the work of Julia Kristeva, in which she focuses is on the addressee's role in reproducing an *open* text, not on the *source* of the textual borrowing (1986: 111).

Here again, CAM provides a helpful heuristic by reminding the translator that there are a variety of factors and functions that go into not only the initial creation of the text (CAM), but also to its *dynamic* existence in cultural space (CAM$_2$). As the text is recreated in the minds and mouths of users, it is also reanalyzed and shifts in terms of its potential goals and outcomes. When texts become interrelated through shared characteristics, their potential and real ***network of meanings*** also grow.

Hervey and Higgins give valuable direction to translators for questions to ask in attempting to identify types of ST intertextuality, which we give in a simplified form below (2002: 124–8):

(1) Is the ST typical of its SL genre?
(2) Is the ST a parody?
(3) Are we dealing with quotation or allusion?
(4) Is the allusion deliberate or not?

Discourse markers and their meanings

There are a variety of **discourse markers** (also called indexicals, pragmatic markers, or pragmatic discursives) in CSR that are a challenge to the translator. These forms in Russian are called **particles (частицы)**: they do not decline, may be formed from a variety of parts of speech, in some instances they do not carry their own syllabic stress, may or may not have a fixed placement in the syntactic string, and they bring varying shades of meaning to both separate words in the utterance, as well as entire sentences and blocks of discourse. These discourse particles are generally attached to other parts of the sentence, but on occasion may be used to create a self-standing utterance (e.g. Я решила поехать на Аляску. – Неужели?). These markers are so important to Russian grammar and discourse that they receive a separate chapter in the official Academy Grammar of the Russian Language published by the Russian Academy of Sciences. (The preferred grammar continues to be the three-volume publication produced under the direction of V.V. Vinogradov (1960).)

Below we will give a set of examples using a large set of discourse particles and a sampling of their range of contextual realization.

Practical 9.3

1.   Translate the following examples of discourse markers into English.

1. ЖЕ

Как же мы теперь жить-то будем?
Что же я наделал-то?
Ну, что же ты стоишь? – Пошли.
Ты уезжаешь, а как же собака? А как же я?
Я же математик.
Надо же!
Всё то же, всё те же.
Ты же обещал!
Он же тебя любит!
Ой! Я ж забыла поздравить маму с днем рождения!

2. ВСЁ ЖЕ

Он виноват, но всё же мне его жаль.
Надо всё же ей позвонить: может, она передумает и пойдет с нами в кино.
Он всё же мой брат – я не могу отказать ему в помощи.

3. НУ

Ну и ну!
Ну и пуглив же ты!
Ну, ты же скажешь!

4. ТУТ

Его тут же заменили.
Не тут-то было!

5. НЕУЖЕЛИ

Неужели ты не понимаешь, как это важно!?
Он такой сложный! – Неужели? (с сарказмом)
Неужели это правда? Не верится.
Неужели он не придет? Разве он не знает, что мама больна?

6. РАЗВЕ

А разве вы не вместе ездили в Европу?
А он разве водит машину? – Конечно, неужели ты ни разу с ним не ездил?

7. УЖ(Е)

Это уж точно!
Ты встречаешься с Сергеем? – Нет, я уже давно им не интересуюсь.
Ты идешь на работу? – Уже ушла.

8. ЕЩЁ

Ты собираешься позвонить брату? – Ещё чего! Пусть сам звонит. Я злюсь на него.
Тебе понравился ужин? – Ещё бы! Давно так хорошо не ела.

9. ПРОСТО

Видела в магазине такое платье – просто прелесть!
Я его просто не выношу!

10. ПУСТЬ/ПУСКАЙ

Если ты не извинишься, он уйдет! – Пусть уходит.
Все говорят, что ты много пьешь. – Пусть говорят!

11. А

А когда ты успела подстричься? – Вчера после работы. – Ааа.
А где деньги?

12. ДА

Да здравствует мир во всем мире!
Да мало ли, что он говорит!
Да, вы абсолютно правы!
Да, да именно это я и хотел сказать.
Тебе нужен еще пример? – Да нет, всё в порядке.

13. ЛИ

Ты сошел с ума, что ли?
Я, знаешь ли, тоже не подарок.
То ли ещё будет!
Вряд ли они приедут – у них машина сломалась.
Она так поправилась, что она чуть ли не толще тебя.
Но ты, ведь, не хочешь за него выйти, не так ли?

14. ДАЖЕ

Даже не начинай этот разговор!
Какой он алкоголик – он даже пиво не пьет! Вот сказал!

15. ДА НУ

Говорят, что Алексей защитил диссертацию. – Да ну! Вот не
ожидала.
У тебя прекрасный голос. Ты можешь петь в опере. – Да ну тебя.

16. ВСЁ-ТАКИ

Несмотря ни на что, я всё-таки решила поехать в отпуск.
А всё-таки, он мне чем-то симпатичен.
Надо их пригласить на Рождество: всё-таки родня. – А то!

17. ТО

Он какой-то странный.
А ты-то где был, когда всё это случилось?
Деньги все истратили, а жить-то как будем?

18. ХОТЬ/ХОТЯ

Ты хоть бы посуду за собой убрала!
Если не можешь зайти, хоть бы позвонил.
Сколько ты хочешь? – Дай мне, хотя бы, двадцать долларов.

19. МОЛ

Женя стал рассказывать, что он, мол, пишет уже вторую книгу.
Надо позвонить в милицию, и сказать, что вот, мол, лежит на улице человек, по виду явно иностранец.

20. ВЕДЬ

Почему ты спрашиваешь, ты ведь (же) знаешь, что я не ем рыбу.
А я-то ведь ничего не знал, представляешь? Даже не догадывался.

21. ДЕСКАТЬ

Представляешь, пришел и говорит: я, дескать, ничего не видел и понятия не имею, о чем вы говорите. Вот нахал!

22. ДАБЫ

Он схватился за ветку, дабы не упасть.

23. БЫ

Эта квартира ему бы понравилась! – Ещё бы!
А ты бы лучше помолчал. Ты ведь и сам хорош! Я же знаю, что вы оба виноваты.
Не знаю, как бы его уговорить поехать с нами в Москву?

24. И

Стемнело совсем, а я и не заметил.
Даже и не знаю, что тебе сказать – просто ужас какой-то!

25. ЛИШЬ

Ты все время делаешь всем замечания – лишь бы себя показать.

26. –КА

Скажи-ка ты мне лучше: почему ты такой усталый?
Давай-ка пойдем погуляем.
«Скажи-ка, дядя, ведь недаром Москва, спаленная пожаром, Французу отдана» (М. Лермонтов, *Бородино*)

27. БУДТО

Он так себя ведет, будто ничего не слышал и ничего не знает.

28. СЛОВНО

Она сидела, ни на кого не глядя, словно была в чем-то виновата.

Practical 9.4

1. The following article subheadings and following paragraphs are taken from K. Veselago's article about St Petersburg's Mixailovsky Theatre (16 July 2008, Fontanka.ru). Each of these headings is a form of a set expression in CSR with close ties to their source texts. If they are translated literally, the intended meanings will be unretrievable. What should the translator's strategy be if the goal is (a) to produce a textual effect on the target audience similar to the source audience; (b) to maximally preserve the socio-cultural meanings given in the ST; (c) to produce an English TT that conveys the content of the Russian ST while maintaining the general text-type?

2. What are the difficulties associated with each of the three goals given in the question above? Be explicit with examples from the text for each goal.

А если не будут брать, отключим газ

В приказе г-на Кехмана от 16.06.2008 № ОВ «О проведении ремонтных работ в общежитии театра» написано, что издан он «во исполнение государственного контракта № 42202» от того же (!) числа. Но ни показать копию данного контракта, ни назвать жильцам общежития дату проведения обязательного в таких случаях тендера администрация театра не возжелала. Недовольство артистов и их нежелание оставить общежитие «для ремонта» (а по сути – выехать на улицу) не на шутку задело дирекцию.

Первое, что сделал г-н Кехман – это выставил на входе и на всех этажах свою охрану. В один прекрасный день артисты обнаружили, что вход и выход в здание теперь возможны только по списку, составленному администрацией театра, с предъявлением паспорта и фиксацией времени прохождения «блокпоста» в некоем журнале. «Колония-поселение!» – устало улыбаются хрупкие балерины, предъявляя паспорта могучим секьюрити на входе

Где эта улица, где этот дом?

Самым интригующим же во всей этой истории является следующее обстоятельство: общежитие, конечно, есть – но его как будто бы и нет. У театра имеется и ещё одно общежитие, расположенное во дворе по адресу пл. Искусств, дом 3, жильцы которого также взбудоражены слухами о переселении в аварийную гостиницу. Имеются ещё четыре квартиры на Кирочной улице – но проживающие там артисты оперы с детьми прописаны в общежитии на Грибоедова, 4.

Избушка, повернись к кадастру передом, к жильцам задом

«К этому времени Остап уже принял решение. Он перебрал в голове все четыреста честных способов отъема денег, и хотя среди них имелись такие перлы, как организация акционерного общества по поднятию затонувшего в крымскую войну корабля с грузом золота, или большое масленичное гулянье в пользу узников капитала, или концессия на снятие магазинных вывесок, – ни один из них не подходил к данной ситуации. И Остап придумал четыреста первый способ».

В начале июля все жильцы общежития получили от дирекции театра бумагу, адресованную «Гражданину РФ такому-то, проживающему по адресу: Санкт-Петербург, пл. Искусств, д. 1 литер А (описательный адрес: Санкт-Петербург, канал Грибоедова, дом 4»)». Вы чувствуете разницу? Реальный и единственный адрес здания поименован в этом документе «описательным».

Practical 9.5

1. Translate the following definition of пословица into English from the Russian site, pribautka.ru.

«Пословицы – явления мысли, языка и искусства. Главное в пословице как жанре фольклора не её логическая природа, не информация, заложенная в ней, а художественный образ, смысловая двуплановость.

Пословицы – это народные речения, в которых отражен многовековой социально-исторический опыт народа, имеющие устойчивую, лаконичную, ритмически организованную форму и поучительный смысл. Пословицы и поговорки – элемент русской устной речи и наряду с другими устоявшимися разговорными формулами: присловьями, приговорками, побасенками, пожеланиями, приветствиями, шутливыми советами, небылицами – красят речь, делают её красной, образной.» – **Мартынова А. Н.**

Practical 9.6

1.   Translate the following definitions of proverbs and sayings from FBlib.ru. Compare your results with the definition given in Practical 9.5.
2.   What English terms do you prefer in attempting to capture the difference between the terms пословица and поговорка?

Пословицы и поговорки

Пословица представляет собой краткое, ритмически организованное, устойчивое в речи образное изречение.

Пословица составляет достояние целого народа или значительной части его и заключает в себе общее суждение или наставление на какой-нибудь случай жизни.

Пословица – самый любопытный жанр фольклора, изучаемый многими учеными, но во многом оставшийся непонятным и загадочным. Пословица – народное изречение, в котором выражается не мнение отдельных людей, а народная оценка, народный ум. Она отражает духовный облик народа, стремления и идеалы, суждения о самых разных сторонах жизни. Все, что не принято большинством людей, их мыслями и чувствами, не приживается и отсеивается. Пословица живет в речи, только в ней емкая пословица приобретает свой конкретный смысл.

Итак, пословица – это краткое, вошедшее в речевой оборот и имеющее поучительный смысл ритмически организованное изречение, в котором народ на протяжении веков обобщал свой социально-исторический опыт.

Поговорка – это широко распространенное образное выражение, метко определяющее какое-либо жизненное явление. В отличие от пословиц, поговорки лишены прямого обобщенного поучительного смысла и ограничиваются образным, часто иносказательным выражением: *легок на помине, как снег на голову, бить баклуши* – все это типичные поговорки, лишенные характера законченного суждения.

В речи пословица часто становится поговоркой и наоборот. Например, пословица *Легко чужими руками жар загребать* часто употребляется как поговорка *Чужими руками жар загребать*, то есть образное изображение любителя чужого труда.

Поговорки в силу своей особенности образных выражений чаще, чем пословицы, сближаются с языковыми явлениями. В поговорках больше национального, общенародного значения и смысла, чем в пословицах. Поговоркам часто присущи все свойства языковых явлений.

Practical 9.7

1. Translate the following text and pay special attention to the presence of various types of proverbs, set expressions, collocations, and variations on set expressions and discourse markers in the text. (a) Read the following ST by Marina Palej, Отделение пропащих (Moscow: Moskovskij rabočij, 1991), 153–71, and create your own TT; (b) compare the ST and corresponding TT (by J. Gheith, *Lives in Transit: A Collection of Recent Russian Women's Writings*, ed. H. Goscilo (Dana Point, CA: Ardis Publishers, 1995), 191–202); (c) explain the translator's choice given in the TT for the ST phrase «из области».

По всей видимости, Женька в уныние от этой воспитательной меры не впал, тем паче, что из зарплаты вычтена всего лишь номинальная, а не «левая» стоимость лекарства. Однако выводы для себя он, конечно же, сделал, а заодно вспомнил пословицу: «Чем меньше мы делаем, тем меньше вредим». Так что вскоре после пятиминутки его видели в абортарии с юной практиканткой из области, которую он весьма хитроумно учил приемам своей варварской науки: испуганная медичка сидела перед разверстым чревом ничего не ведающей женщины, а сзади медички вороватым демоном притулился Женька, одной рукой кругообразно водя в кровавой дыре ее беспомощной кистью (сжимающей длинную акушерскую ложечку), а другой – мерно, сильно, не спеша, словно проводя дойку, тискал ее большую грудь.

Evidently, Zhenka didn't get depressed over this reprimand, especially given that only the official price of the medicine was deducted from his salary, and not the black market price. However, he drew the appropriate conclusions for himself, of course, and at the same time remembered the proverb: "The less we do, the less harm we do." Thus, soon after the consultation, he could be seen in the abortion clinic ingenuously teaching a young intern from the big city the methods of his barbaric science: the frightened med student sat in front of the gaping womb of the unconscious patient, and Zhenka positoned himself like a furtive demon in back of her and with one arm guiding her hand in circular motions in the bloody hole, while she helplessly gripped the long obstetrical curette, with his other hand he squeezed her large breast rhythmically, firmly, leisurely, just as if he were milking her.

Practical 9.8

Below are several short texts using one or more of the discourse markers discussed in this chapter.

1. Identify the discourse markers in each of the Russian source texts.
2. Translate each passage into English.
3. Compare the discourse marker translations from these texts with the examples given above.

ST

9.8.1. Квартальный надзиратель, brochure attached to the journal Собака, № 7 (90) (2008), 11, author – Ivan Sablin

Возрожденное частное строительство последних лет отметилось пока в Сестрорецке лишь глухими заборами, и то, что удается разглядеть за ними, не слишком привлекательно. Единственное исключение – дача на Дубковском шоссе, построенная в 1998 году архитектором Борисом Левинзоном. Характерно, что имя владельца не называют, – а в прежние-то времена, наоборот, многие старинные дачи вошли в историю под именами своих хозяев. По счастью, этот неизвестный человек не спрятал жилище от посторонних глаз, позволив дополнить его невысокой, почти прозрачной, а главное, архитектурно интересной оградой.

9.8.2. From Viktorija Platova's novel Такси для ангела (Moscow: Izd. Astrel', ACT, Xranitel', 2007), 159

– Представляю, чем они занимаются в свободное от своих писулек время!
– Чем же?

– Подсчитывают количество публикаций о себе. Подсчитывают количество публикаций о конкурентках. А потом устраивают истерики своим литературным агентам. И мужьям-язвенникам, если таковые имеются . . . Массовая культура – не сахар, девочка моя. Чуть зазевался – пиши пропало. Затопчут. А издатели? Это же отпетые негодяи. Давай-давай, Аглаюшка, строчи, кропай, молоти . . .

9.8.3. From Dmitrij Bykov's collection of criticism and essays, На пустом месте (St Petersburg and Moscow: Limbus Press, 2008), 133

Это тоже верно, потому что Шаламов сам о себе сказал: я, мол, человек злопамятный, добро помню сто лет, зло – двести. Такие люди, пока не отомстят, жить не могут. А Шаламов мечтал о мести, об этом – едва ли не сильнейшие его стихи: выпить из черепа врага, а там и умереть не жалко . . . Многие из тех, кто Шаламова арестовывал, судил и мучил в лагере, пошли его же путем – такие истории он приводит часто, с особым злорадством.

9.8.4. From Dmitrij Bykov's collection of criticism and essays, На пустом месте (St Petersburg and Moscow: Limbus Press, 2008), 186

И ведь не сказать, чтобы талант его куда-то делся. Талант есть. В сцене, в которой волк-оборотень доит корову-Россию, доящуюся, естественно, нефтью, видны совершенно звериная мощь и такая же волчья интуиция . . .

А в общем, скучно оборотню на свете. Столько лет живет, а толку чуть. Свинья, как лениво замечает Пелевин, создана так, что не может взглянуть на небо. То-то в его лисе и волке так отчетливо проглядывает свинство . . .

На самом деле все просто. Хорошая литература от скуки не пишется.

Chapter 10

Legal documents

General comments

The Russian legal system is significantly different from the American system, but shares many features with European countries, especially France, Sweden, and Germany. One of the most important characteristics of Russian law is that it is a typical *civil* legal system, which means it is reliant primarily on the *existence of legal codes* (or legislative enactments) for articulating the law, and to a much lesser degree on precedent from previous court decisions. The US legal system is based on *common law* principles, in which (1) judges play a greater role than in the civil system, and where (2) precedent is one of the fundamental bases for the rule of law, both as outcomes articulated from former cases and as binding precedent (where inferior courts are bound by the decisions of higher courts – *stare decisis*). Common law systems have their roots in the United Kingdom and are found in its former colonies (including the USA, Canada, India, Australia, New Zealand, South Africa).

It is important to understand that the Russian legal system has its historical roots in European law, despite the Soviet period, where a totalitarian government controlled the Russian Federation as one of the republics in the Soviet Union (Union of Soviet Socialist Republics, USSR). An example of the pre-Soviet Russian interest in jurisprudence is the fact that of 120,000 university graduates between 1908 and 1916, over 35,000 completed law degrees.

The first Russian constitution dates from 1906 (called Свод законов). It was this document that created the Russian Duma. The so-called "Manifest of Nikolai II" (17 October 1905) officially gave freedom of speech, conscience, and meetings for the first time to the Russian people. Since 1906, there have been five constitutions (1918, 1925, 1936, 1977, and 1993. In the period between 1978 and 1992, there were 350 changes incorporated into the constitution. Approximately 200 laws were enacted during a fifty-year period of Soviet rule. Comparison of the various Soviet constitutions makes for interesting reading and shows that the 1936 constitution reads as more of a democratic document than the 1918 version. This last fact is particularly interesting when one considers that between 1917 and 1940 over 66.7 million Soviet citizens perished as a result of revolution, civil war, and political purges.

What is a law?

The cover term for all forms of laws in the Russian Federation (the official name of the country) is Нормативно-правовые акты. Under this rubric are two fundamental types of laws: (1) законы and (2) подзаконные акты. It is important to note the different names for different types of laws, many of which have no equivalent in American or British jurisprudence.

Note: There is no consensus in the legal communities about the best translation for type 2 laws (подзаконные акты). We will suggest that a possible translation that makes sense in English to legal experts is *non-statutory governmental regulations.* Some sources give the term "by-law", but this is fundamentally misleading and should be avoided. Edgardo Rotman, in his article entitled "The Inherent Problems of Legal Translations: Theoretical Aspects" (1995–6 *International and Comparative Law Review*, 189) notes specifically that there are not only translational problems between different languages and countries, but even within one language, when the systems are civil law and common law: "a Scotch lawyer who has to translate terms from a text of American corporate law might encounter greater difficulty than a German Swiss translating a French text on Swiss law."

A. ЗАКОНЫ (laws/legislative acts)

(1) основные (Конституция)
(2) обыкновенные: (a) текущие (for one year only)
                              (b) материальные (the Legal Codes)
                              (c) процессуальные (the Procedural Legal Codes)

B. ПОДЗАКОННЫЕ АКТЫ (non-statutory governmental regulations)

(1) общие (нормативные указы Президента (и письма, сообщения Президента), постановления правительства, ведомственные акты)
(2) местные акты (in a local area only)
(3) внутриорганизационные акты (within a single socio-political organization only)

The Russian legal codes are printed documents upon which court decisions are based. There are currently 15 codes (Civil, Criminal, Administrative Wrongdoing, Tax, Customs, Labor, Land, Family, Housing, Water, Air, Lumber, City Building, Budget, Merchant Marine), three procedural codes (Civil, Arbitrazh and Criminal) and one executive code (Criminal).

The language of law

Russian legal texts are a wonderful source of a series of prepositional constructions that are a common structural component to such texts. These prepositional constructions are divided into five fundamental types:

(1) cause-effect relations
(2) goal-oriented relations
(3) basis of action
(4) temporal relations
(5) condition of relations.

Practical 10.1

Read carefully the Russian examples of prepositional usage and translate them into English.

10.1.1 Предлоги причинно-следственных отношений

(1) ***В силу*** ст. 79 УПК РСФСР проведение экспертизы обязательно для определения психического состояния обвиняемого в тех случаях, когда возникает сомнение в его вменяемости.

(2) ***В связи*** с этим кассационная инстанция приговор отменила и дело направила на новое судебное рассмотрение.

(3) ***Наряду*** со снижением мер наказания по отдельным делам приговоры отменялись **ввиду** необходимости применения закона о более тяжком преступлении либо мягкости назначенного наказания, хотя такие случаи, по сравнению с 1993 годом, значительно сократились.

(4) ***В связи*** с этим уголовные дела в отношении Ларина и Петровой прекращены **за отсутствием** в их действиях состава преступления.

(5) ***По запросу*** залогодержателя ему выдается свидетельство о регистрации залога машин взамен ранее выданного.

10.1.2 Предлоги целевых отношений

(1) ***В целях*** налогообложения товаром считается: продукция (предмет, изделие); здания, сооружения и другие виды недвижимого имущества; электро- и теплоэнергия, газ, вода.

(2) Переустройство и перепланировка жилого и подсобных помещений могут производиться только ***в целях*** повышения благоустройства квартиры.

(3) ***Во исполнение*** абзаца 4 пункта 3 постановления Верховного Совета РФ о введении в действие закона РФ «О валютном регулировании и валютном контроле» от 9 октября 1992 г. внести изменения в инструкцию

     . . .

10.1.3. Предлоги основания действия

(1) Снятие с регистрационного учета по месту жительства граждан, осуждённых к лишению свободы, если они содержатся под стражей,

производится **на основании** вступившего в законную силу приговора суда.

(2) **В соответствии** со статьёй 9 Закона РФ «О таможенном тарифе» антидемпинговые пошлины применяются в случаях ввоза на таможенную территорию РФ товаров по цене более низкой, чем их нормальная стоимость в стране вывоза в момент этого вывоза . . .

(3) **В соответствии** с частью 2 ст. 48 Конституции РФ каждый задержанный, заключенный под стражу, обвиняемый в совершении преступления имеет право пользоваться помощью адвоката (защитника) с момента соответственно задержания, заключения под стражу или предъявления обвинения. К сожалению, несоблюдение **при производстве** дознания предварительного следствия этого конституционного положения всё еще имеет достаточно распространенный характер.

(4) **Согласно** статье 81 КЗоТ РФ, оплата труда специалистов и служащих производится, как правило, **на основе** должностных окладов, устанавливаемых администрацией предприятия, учреждения, организации **в соответствии** с должностью и квалификацией работника.

(5) **По** приговору Невского районного народного суда г. С.-Петербурга Викторов осужден по статье 17 и ч. 2 ст. 89 УК РФ за то, что оказал содействие соучастнику преступления Мирошникову в совершении кражи микроавтобуса.

10.1.4. Предлоги временных отношений

(1) **В течение** периода обращения векселей коммерческие банки используют их в качестве инструмента для привлечения коммерческих кредитов на рыночных условиях.

(2) Применяемые **в ходе** расследования решения должны основываться на количественно определяемых данных.

(3) **При** рассмотрении гражданских дел следует исходить из представленных истцом и ответчиком доказательств.

(4) **По окончании** календарного года физические лица, получающие доходы, налогообложение которых предусмотрено разделами 3 и 4 настоящей инструкции, обязаны подать декларацию о фактически-полученных ими **в течение** календарного года доходах и производственных расходах.

10.1.5. Предлоги условных отношений

(1) **При** отсутствии документов, подтверждающих уплату государственной пошлины за регистрацию договора . . .

(2) **В случае**, если на счетах таможенного органа нет достаточных сумм для осуществления возврата, по его представлению такой возврат может быть осуществлен со счета ГТК России.

Practical 10.2

1. Read through the two short texts, one from the current Constitution of the Russian Federation and the second a federal law about citizenship. After reading both texts, translate both texts into English.
2. Identify which words and/or passages caused the greatest difficulty in translation and why.

Конституция РФ: Статья 62

1. Гражданин Российской Федерации может иметь гражданство иностранного государства (двойное гражданство) в соответствии с федеральным законом или международным договором Российской Федерации.
2. Наличие у гражданина Российской Федерации гражданства иностранного государства не умаляет его прав и свобод и не освобождает от обязанностей; вытекающих из российского гражданства, если иное не предусмотрено федеральным законом или международным договором Российской Федерации.
3. Иностранные граждане и лица без гражданства пользуются в Российской Федерации правами и несут обязанности наравне с гражданами Российской Федерации, кроме случаев, установленных федеральным законом или международным договором Российс кой Федерации.

Федеральный закон о гражданстве

Статья 6: Двойное гражданство

1. Гражданин Российской Федерации, имеющий также иное гражданство, рассматривается Российской Федерацией только как гражданин Российской Федерации, за исключением случаев, предусмотренных международным договором Российской Федерации или федеральным законом.
2. Приобретение гражданином Российской Федерации иного гражданства не влечет за собой прекращение гражданства Российской Федерации.

Practical 10.3

1. The following excerpt is from the RF federal law about special status for cities that were critical in defending the homeland during times of war (ИПС«Кодекс», проект № 90061019-3). The excerpt contains only two sentences in Russian. However, it is impossible to produce a TT with only two English sentences. Translate the passage and explain how you derived the sentence structure of the TT.

Российская Федерация
Федеральный закон о городе солдатской славы

Исходя из традиций народов России хранить и беречь память о защитниках Родины, тех, кто отдал свои жизни в борьбе за ее свободу, независимость и территориальную целостность, принимая во внимание, что забота об участниках, о ветеранах и жертвах военных конфликтов на территории России является историческим долгом общества и государства, учитывая необходимость недопущения проявлений фашизма и национализма в любых формах, принимается настоящий Федеральный закон.

Статья 1. Звание города Солдатской Славы

Звание города Солдатской Славы может быть присвоено городскому или сельскому поселению, в котором или в непосредственной близости с которым проходили наиболее кровопролитные и ожесточенные, а также решающие в стратегическом плане боевые действия военного конфликта на территории Российской Федерации.

Practical 10.4

One of the more important aspects of Russian Federation law that may affect foreign citizens concerns the adoption of Russian children by foreigners. Russian Federation law has imposed specific restrictions on who may be adopted by foreigners, waiting periods, etc. The following excerpt is from an article taken from materials of edicts of the Presidium of the Supreme Court of the Russia Federation (from 22 January 2003 and printed in one of the major Russian law journals, Закон, 4 (2004), 79–80).

1. You have been asked to assist an American couple who wish to adopt a Russian child. They have heard that the process is extremely difficult. Provide a *gist translation* of the following passage with them in mind.
2. What sections of the document presented the most difficulty in generating the TT?
3. What sections were simplest in generating the TT?

Законы в действии

Усыновление иностранными гражданами
Усыновление должно соответствовать интересам ребенка

Усыновление детей иностранными гражданами допускается только в случаях, если не представляется возможным передать этих детей на воспитание в семьи граждан РФ, постоянно проживающих на ее территории, либо на усыновление родственникам детей независимо от гражданства и места их жительства.

Дети могут быть переданы на усыновление иностранным гражданам по истечении трех месяцев со дня поступления сведений в государственный банк данных о детях, оставшихся без попечения родителей. . . .

При установлении усыновления главным является соблюдение принципа соответствия интересам ребенка.

Согласно заключению органа опеки и попечительства, а также государственного опекуна – главного врача дома ребенка и директора детского дома, данное усыновление целесообразно и полностью отвечает интересам К.

Practical 10.5

The Russian Federation has not always made use of a jury system. The following two texts are devoted to the history of the jury system in the Russian Federation and the specific rights and responsibilities of jurors.

1. Translate the following excerpts from the Ministry of Justice of the Russian Federation (Нормативные материалы о судьях и суде присяжных (Moscow, 1994), 10–11).
2. Based on these passages and what you know of your home country, how does the Russian jury system differ from the American and British systems?
3. What part of the text is an unexpected addition and why is it included?
4. Provide an *exegetic translation* of the passage.

«Возрождение российского суда присяжных»
S. A. Pašin, author

Впервые правовая возможность учреждения судов присяжных появилась в ноябре 1989 г., когда ст. 11 Основ законодательства Союза ССР и союзных республик о судоустройстве предусмотрела: «В порядке, установленном законодательством союзных республик, по делам о преступлениях, за совершение которых законом предусмотрена смертная казнь либо лишение свободы на срок свыше десяти лет, вопрос о виновности подсудимого может решаться судом присяжных (расширенной коллегией народных заседателей)».

Законом РСФСР от 1 ноября 1991 г. «Об изменениях и дополнениях Конституции (Основного Закона) РСФСР» ч. 1 ст. 166 Конституции была изложена в новой редакции: «Рассмотрение гражданских и уголовных дел в судах осуществляется коллегиально и единолично; в суде первой инстанции – с участием присяжных заседателей, народных заседателей либо коллегией из трех профессиональных судей или единолично судьей». Но проявленная законодателем непоследовательность, в особенности при изменении отраслевого законодательства, превратила на два дальнейших года указанную норму в декларацию. Недопустимость промедления с введением суда присяжных после закрепления этого института в Основном Законе тем более очевидна, что указанная норма была введена в действие без всяких оговорок.

Фактически инициатива учреждения судов присяжных по уголовным делам и соответствующего изменения отраслевого законодательства исходила от Президента Российской Федерации. 22 сентября 1992 г. им было издано распоряжение № 530-рп, которым предлагалось ГПУ Президента Российской Федерации и Минюсту России во взаимодействии с Комитетом Верховного Совета Российской Федерации по законодательству в трехмесячный срок разработать программу проведения в нескольких регионах России эксперимента по предварительной отработке на практике принципиально новых положений процессуального и судоустройственного законодательства, подготовив соответствующие нормативные акты.

5. The following is an excerpt from Article 437 (Privileges and Responsibilities of Jury Members). Translate the article.
6. Based on these passages and what you know of your home country, how does the Russian jury system differ from the American and British systems?
7. Who is председательствующий?

Федеральный закон о судоустройстве РСФСР (от 16 июля 1993 г., раздел 5) Статья 437: Права и обязанности присяжного заседателя

Присяжный заседатель имеет право:

1) участвовать в исследовании всех рассматриваемых в суде доказательств, с тем чтобы получить возможность самостоятельно, по своему внутреннему убеждению оценить обстоятельства дела и дать ответы на вопросы, которые будут поставлены перед коллегией присяжных заседателей;
2) задавать через председательствующего вопросы подсудимому, потерпевшему, свидетелям, экспертам;
3) участвовать в осмотре вещественных доказательств, документов, в производстве осмотров местности и помещения, во всех других производимых в суде следственных действиях;

4) просить председательствующего разъяснить нормы закона, относящиеся к делу, содержание оглашенных в суде документов, признаки преступления, в совершении которого обвиняется подсудимый, и неясные для него понятия;

5) делать письменные заметки во время судебного заседания.

Присяжный заседатель не должен:

1) отлучаться из зала судебного заседания во время слушания дела;

2) общаться по делу с лицами, не входящими в состав суда, без разрешения председательствующего;

3) собирать сведения по делу вне судебного заседания.

Practical 10.6

The following exercise presents two excerpts of the section on publishers' obligations from academic book contracts, ST1 in Russian and ST2 in English. The first part of the practical is devoted exclusively to ST1.

1. Translate the following articles from a Russian book contract. It is important to note that печатный лист (п.л.) is a special publishing term that usually equates with approximately 23 typed pages or 16 pages of professional typeset text, or more precisely 40,000 symbols included blank spaces.

2. What areas of the ST require the most modification in producing the TT?

ST 1

Договор № 26/06-07

г. Москва

26 июня 2007 г.

2. Права и обязанности сторон

2.1. Указанное произведение должно удовлетворять следующему условию:
– учебное издание;
– объем до 10 п.л., включая приложения и иллюстрации.

2.4. Издатель обязан рассмотреть представленное в надлежащем виде Произведение в течение 60 дней при объеме до 20 л. и с добавлением по 2 дня на каждый авторский лист – при большем объеме и письменно известить Автора либо об одобрении Произведения, либо о его отклонении на основании требований, предусмотренных Договором и планом-проспектом. Если Произведение нуждается в доработке,

Издатель имеет право либо отказаться публиковать Произведение (в этом случае данный Договор расторгается), либо, как условие публикации, предложить Автору внести четко сформулированные изменения. Издатель обязуется не вносить какие бы то ни было изменения без согласия Автора. Если Автор согласен на публикацию Произведения с оговоренными изменениями, но не может внести такие изменения или не может обеспечить доработку в приемлемый для Издателя срок, то Издатель имеет право нанять компетентное лицо или компетентных лиц для внесения соответствующих изменений и вычесть связанные с этим расходы из любой суммы, причитающейся Автору по данному Договору.

2.5. Издатель обязан в течение срока действия Договора осуществлять переиздания Произведения не реже, чем через 3 года после выхода предыдущего издания и при условии, что тираж предыдущего Издания распродан.

3. Read the following excerpt of the publishers' obligations from an English-language book contract. Compare the Russian contract of publishers' obligations (ST1) with the English contract (ST2).
4. What obligations are given in ST1 that are missing in ST2?
5. What obligations are given in ST2 that are missing from ST1?
6. What aspects of ST1 and ST2 were surprising and unexpected?
7. Compare the documents in terms of the Halliday/House model of *registers* (including field, tenor, and mode) given in Chapter 9.

ST2

Publishers' Obligations

Provided that the Author has complied with all his/her undertakings under the terms of this Agreement the Publishers shall, unless prevented by war, strikes, lock-outs or other circumstances beyond the Publishers' control, unless otherwise agreed with the Author, at their own risk and expense produce and publish the Work. The Publishers shall have the entire control of the publication, and the paper, printing, binding, jacket and embellishments, the manner and extent of advertisement, the number and distribution of free copies for the Press or otherwise, and the price and terms of sale of the first or any subsequent edition shall be in their sole direction. The Publishers shall not be responsible for any accidental loss or damage to the Work, by fire or otherwise, while it is in their custody or in the course of production.

Practical 10.7

Read the following articles taken from the 2008 version of the Civil Code of the Russian Federation that went into effect 1 January 2008.

1. Pay special attention to all participles and verbal adverbs.
2. Compare the ST and TT carefully. Write down any areas where you have suggestions for changes. Pay special attention to the following words in the ST: мероприятия, супруг, представление, объект.
3. Produce a new TT after class discussion.

Статья 152: Охрана изображения гражданина
(ГК РФ, ч. 4, Maggs & Zhiltsov 2008: 477–8)

ST

Обнародование и дальнейшее использование изображения гражданина (в том числе его фотографии, а также видеозаписи или произведения изобразительного искусства, в которых он изображен) допускаются только с согласия этого гражданина. После смерти гражданина его изображение может использоваться только с согласия детей и пережившего супруга, а при их отсутствии – с согласия родителей. Такого согласия не требуется в случаях, когда:

1) использование изображения осуществляется в государственных, общественных или иных публичных интересах;
2) изображение гражданина получено при съемке, которая проводится в местах, открытых для свободного посещения, или на публичных мероприятиях (собраниях, съездах, конференциях, концертах, представлениях, спортивных соревнованиях и подобных мероприятиях), за исключением случаев, когда такое изображение является основным объектом использования;
3) гражданин позировал за плату.

TT

Protection of the Depiction of a Citizen

The making public and further use of a depiction of an individual (including his photograph and also video recordings or works of the pictorial arts in which he is depicted) is allowed only with the consent of this citizen. After the death of the citizen his image may be used only with the consent of children and surviving spouse, and in their absence, with the consent of the parents. Such consent is not required in the cases when:

1) use of the depiction is conducted in state, societal, or other public interests.

2) the depiction of the citizen was obtained in photography that was done in places open for free visiting or at public events (meetings, congresses, conferences, concerts, presentations, sports competitions and like measures) with the exception of the case when such a depiction is the basic object of the use;

3) the citizen posed for payment.

Chapter 11

Scientific and academic texts

In Chapter 6, we outlined a bi-level system of approaching genre that included a short series of questions to aid in determining the type of the source text under consideration. One of the three basic text types given under level two of our system is academic and scientific texts. These texts are often very specific in terms of the **author's goals** (making a contribution to a body of research-based knowledge in a particular discipline or field), the **target audience** (scholars and scientists who have training in the discipline), the **content** of the article, and the **context** in which the research appears (peer-review journal or book). In addition to these factors, the **code itself** becomes a special register that is intimately connected with the field or discipline about which the ST is written. As a result, a new element of difficulty arises in the translation process: while the text may be grammatically straight-forward, the *lexical and discourse levels* of the text may be enormously difficult.

In the case of a ST with a very discipline-specific lexicon, the translator must have the appropriate resources in which to produce the TT; these resources include:

(1) specialized dictionaries;
(2) specialists in the discipline with knowledge of the SL;
(3) specialists in the discipline with knowledge of the TL.

If the translator is not confident of the veritableness of the TT, he or she should say so, and depending on the commission of the TT, reconsider taking on the responsibility of producing a TT that is beyond the comfort zone of the translator.

If the translator is sufficiently well-educated in a range of disciplines (meaning the translator has completed successfully formal training in biology, chemistry, mathematics, history, philosophy, linguistics, etc.) in at least one of the two languages involved and has access to supplemental resources, then there is a good chance that the translator will be successful. The more knowledge the translator has of the individual disciplines represented in the ST, and, ideally, this knowledge was acquired in both languages, the more likely the scientific text can be translated successfully. In the end, only the translator can take responsibility for the final product.

We have seen in earlier chapters examples of technical texts that were from fiction (e.g. Zamiatin's *We)*, and we have seen specialized academic texts that have few or no technical terms (cf. Lotman's lectures on culture). Clearly, the genre is not the only factor that comes to play in determining strategies for the ST > TT process, and we have seen that many texts are defined in terms of hybrid genres. However, technical texts, regardless of the overriding genre, often have certain syntactic structures and parenthetical clauses that occur across disciplines in scientific discourse. For example, it is common in Russian scientific, academic, and media discourse (oral and written) to use a large number of participial (причастные) and gerundial and verbal adverb-based (деепричастные) constructions. While participles and verbal adverbs are used in spoken Russian, the frequency of these constructions is exponentially greater in scientific and scholarly texts.

It often occurs that lexemes lead multiple lives in different registers and genres. This type of polysemy can be problematic for the translator, especially since the more technical, or specialized, meanings may not even been given in a mono- or bilingual dictionary. It is rather simple to come up with examples of this phenomenon.

The term общество is a very statistically frequent noun in CSR and is most often translated as *society*, *group*, or *social group*. But it also can be an *organization* or *institution*. Once we move into official company names, the term общество takes on an entire range of *company* meanings:

Insurance company	страховое общество
Limited (Ltd.) company	общество с ограниченной ответственностью (ООО)
Joint-stock company	акционерное общество (АО)
Closed stock company	закрытое акционерное общество (ЗАО)*
Open stock company	открытое акционерное общество (ОАО)*

*Slightly older forms for closed and open stock companies are called акционерное общество закрытого типа, акционерное общество открытого типа (АОЗТ, АООТ).

Another area that is a fundamental discourse marker of scientific and scholarly texts is the presence of an identifiable set of parenthetical expressions (вводные слова). Practical 11.1 gives a sampling of the more common parenthetical expressions found in scientific and scholarly texts.

Practical 11.1

1. Translate the following expressions into English. Please note that the grouping of multiple forms under one number indicates semantic overlap in the meaning of the phrases; however, it does not mean that they should all be translated by only one English phrase.
2. Look for occurrences of these forms in other source texts throughout Chapters 1–6. Are the meanings you provided in number (1) sufficient for producing the TT in these previous examples?
3. Is there any overlap between the phrases given here and any of the discourse markers given in Chapter 9?

(1) несомненно, безусловно, без сомнения, вне всякого сомнения
(2) на самом деле, фактически, действительно
(3) в конце, в заключении
(4) в конце концов, в итоге
(5) отчасти, в какой-то мере, в известной степени, до известной степени
(6) вместе с тем, притом, в то же время
(7) в общем, в общих чертах, в основном, в главном
(8) обязательно, непременно
(9) при любых обстоятельствах, во что бы то ни стало, не смотря ни на что
(10) особенно, больше всего, в особенности
(11) вот почему, по этой причине, поэтому
(12) в первую очередь, прежде всего, вначале, во-первых
(13) в последнюю очередь, в самом конце
(14) время от времени, и то и дело
(15) в свое время
(16) недаром, неслучайно
(17) всё еще, до этого времени, и сейчас, до сих пор
(18) всё же, тем не менее, однако
(19) всякий раз, всегда, каждый раз
(20) в то время, тогда
(21) в целом, не касаясь частностей
(22) в частности, в том числе, включая
(23) дело в том, что
(24) должно быть, по-видимому, наверное, вероятно
(25) до сих пор, до настоящего времени
(26) и вот, и так
(27) иной раз, иногда
(28) и тут, в этот момент, вдруг
(29) как видно, очевидно, ясно
(30) как ни странно
(31) как обычно
(32) как правило, обычно
(33) как оказалось, стало известным, выяснилось
(34) как-то раз, однажды
(35) к сожалению
(36) к счастью, к несчастью
(37) меньше всего, совсем не
(38) можно сказать, действительно, несомненно
(39) на время, временно, на небольшой срок
(40) на мой взгляд, по-моему, по моему мнению
(41) одним словом, в общем, короче говоря
(42) по всей вероятности, по-видимому, вероятно
(43) по крайней мере, хоть, хотя бы
(44) по сути, по сути дела, фактически, в действительности, в сущности

(45) само собой (разумеется), безусловно, конечно
(46) с одной стороны, с другой стороны
(47) собственно говоря, в сущности, по существу
(48) судя по всему
(49) таким образом, итак, следовательно
(50) несмотря на это, но

Practical 11.2

The following excerpt is from an article based on an interview about DNA with one of the leading biologists of the Russian Academy of Sciences, L. L. Kiselev (published in the journal, Наука и жизнь, 5 (2001), 20–6). The interview is conducted by Dr O. Belokoneva, a special correspondent for Наука и жизнь and Ph.D. in Chemistry. The first paragraph introduces Academic Kiselev to the reader, and the following sections are taken from the actual interview.

1.   Produce a gist TT of the introductory paragraphs about the interviewee.
2.   Produce a TT of all of the questions. Make sure that the TT is faithful to the style and register of the ST.
3.   Produce a TT of Academician Kiselev's answers that is understandable to students who have not yet entered university. How would you characterize this TT (based on the categories given in Chapters 1 and 2) and why?

ST

В начале 1999 года член-корреспондент Российской академии наук Л. Киселев рассказал читателям журнала «Наука и жизнь» о достижении века: расшифровке генома микроскопического червячка Caenorhabditis elegans и об успехах и перспективах геномики. В вышедшей тогда статье Л. Киселев с уверенностью утверждал, что расшифровка всего генома человека будет осуществлена в ближайшие годы.

И вот в феврале 2001 года в самых престижных международных научных журналах «Nature» («Природа») и «Science» («Наука») были опубликованы почти полные нуклеотидные последовательности ДНК человека.

Действительный член Российской академии наук и Европейской академии, председатель научного совета российской программы «Геном человека» профессор Л. Киселев согласился прокомментировать это достижение и ситуацию, которая сложилась в биологической науке после того, как геном человека был расшифрован практически полностью.

. . .

— Кроме биоинформатики, какие еще направления в российской геномике Вы можете отметить?

– Прежде всего – медицинскую геномику. У людей есть «больные» гены. Их чрезвычайно важно найти и опознать. Это – путь к диагностике и лечению и на сегодняшний день главный способ использования достижений геномики для человека. С помощью медицинской геномики можно создавать новые лекарства. Приведу лишь одну цифру. За ушедший XX век человечество создало примерно 500 разных лекарств. Если усреднить, получается порядка пяти лекарств в год. Я имею в виду не одни и те же лекарства с разными названиями, а по-настоящему различные лекарства. После расшифровки генома человека 500 новых лекарств будут созданы меньше чем за 10 лет. Почему? Потому что обнаружено множество новых генов. Каждый новый ген кодирует свой белок. Любой белок может быть участником патологического процесса. Можно будет создавать лекарства направленно.

– Итак, российская программа в основном состоит из трех направлений: биоинформатика, медицинская геномика и функциональная геномика?

– Есть еще один аспект, который начал развиваться два-три года назад и особенно бурно в многонациональной России. Ее населяют разные этнические группы. Оказывается, что геном у разных народностей слегка различается. Можно в ДНК выделить определенный «рисунок» нуклеотидов (особое расположение), который будет говорить о том, что этот человек – башкир, а этот – татарин. Геномы представителей разных этнических групп не идентичны, но различия между ними чрезвычайно незначительны, хотя и абсолютно достоверны, и поэтому возможно сравнивать разные этнические группы.

Такой подход связывает геномику с историей, лингвистикой, археологией, палеонтологией, этнографией. И возникают поразительно интересные находки. Как вы думаете, к какой этнической группе ближе всего русские?

– К татарам, наверное.

– Представьте, нет. Славяне близки по материнской линии (поскольку изучается митохондриальная ДНК, передающаяся ребенку от матери) к вашим западным соседям: немцам, угро-финнам.

Practical 11.3

Below is a list of frequent words that have very different general meanings and technical meanings. Look for these terms in short excerpts of specialized texts provided by the tutor and pay special attention to their translation.

статья
прокладка

курс
партия
передача
ключ
кафедра
сеть
привод
степень
заведение
ссылка
ставка
сборы
класс
свеча

Practical 11.4

1. Translate the following text from D. S. Likhachev's article, Культурная отсталость in Раздумья о России (St Petersburg: Logos, 1999), 44–50.
2. Note specific examples that are typical of scientific and scholarly prose. Be sure to specify whether these examples are grammatical, word-formative, syntactic, etc.

Говорят также, что Россия была страной чуть ли не сплошной неграмотности. Это не совсем точно. Статистические данные, собранные академиком А.И. Соболевским по подписям под документами XV-XVII вв., свидетельствуют о высокой грамотности русского народа. Первоначально этим данным не поверили, но их подтвердили и открытые А.В. Арциховским новгородские берестяные грамоты, писанные простыми ремесленниками и крестьянами.

В XVIII–XIX вв. русский Север, не знавший крепостного права, был почти сплошь грамотным, и в крестьянских семьях до последней войны существовали большие библиотеки рукописных книг, остатки которых удается сейчас собирать.

. . .

Исследования Марины Михайловны Громыко и ее учеников показали, что объем знаний крестьян по земледелию, рыболовству, охоте, русской истории, воспринятой через фольклор, был весьма обширен. Просто существуют разные типы культуры. И культура русского крестьянина, конечно, была не университетской. Университетская культура появилась в России поздно, но в XIX и XX вв. быстро достигла высокого уровня, особенно в том, что касалось филологии, истории, востоковедения.

Practical 11.5

The following text is from a college-level mathematics textbook, *Algebra and Number Theory* (Moscow: Prosveščenie, 1978), 157. The paragraph is a description of Euclidean geometric space.

1. Translate the ST into a TT of the same genre, i.e. for a textbook.
2. Indicate in separate columns how the TT represents (a) parenthetical expressions from the ST; (b) participial clauses.
3. Note any instances of unusual word order in the ST that may be problematic for the TT.

Евклидовы пространства

6.1. Важным примером линейного пространства является линейное пространство геометрических векторов. Общее понятие линейного пространства исторически сформировалось как некоторое его естественное обобщение. Операции сложения векторов и умножения их на числа, а также и основанные на них понятия линейной зависимости, базиса и т.п., играют важную роль в теории геометрических векторов.

Practical 11.6

The final practical in this chapter is two excerpts from Lev Semenovich Vygotsky's book, Мышление и речь (Moscow: Labirint, 1999, 296–7). The TT is from *The Collected Works of L. S. Vygotsky*, vol.1, *Thinking and Speech* (New York and London: Plenum Press, 1987), 258.

1. Read the ST and TT carefully. Consider that the commission was to produce a TT that could be used by college students and scholars studying the topic of language and thought. What aspects of the TT are the most controversial? What aspects of the TT are the least controversial?
2. Produce a new TT that addresses all of your comments under section number 1.

Эгоцентрическая речь является в этом случае ключом к исследованию внутренней речи. Первое удобство заключается в том, что она представляет собой еще вокализованную, звучащую речь, т.е. речь внешнюю по способу своего проявления и вместе с тем внутреннюю речь по своим функциям и структуре. При исследовании сложных внутренних процессов для того, чтобы экспериментировать, объективизировать наблюдаемый внутренний процесс, приходится экспериментально создавать его внешнюю сторону, связывая его с какой-либо внешней деятельностью, выносить его наружу, для того чтобы сделать возможным его объективно-функциональный анализ, основывающийся на наблюдениях внешней стороны внутреннего процесса. Но в случае эгоцентрической речи мы имеем дело как бы с естественным экспериментом, построенным по этому типу. Это есть доступная прямому наблюдению и экспериментированию внутренняя речь, т.е. внутренний по своей природе и внешний по проявлениям процесс. В этом и заключается главная причина того, почему изучение эгоцентрической речи и является в наших глазах основным методом исследования внутренней речи.

Второе преимущество этого метода состоит в том, что он позволяет изучить эгоцентрическую речь не статически, а динамически, в процессе ее развития, постепенного убывания одних ее особенностей и медленного нарастания других. Благодаря этому возникает возможность судить о тенденциях развития внутренней речи, анализировать то, что для нее несущественно и что отпадает в ходе развития, как и то, что для нее существенно и что в ходе развития усиливается и нарастает. И наконец, возникает возможность, изучая эти генетические тенденции внутренней речи, заключить с помощью методов интерполяции относительно того, что представляет собой движение от эгоцентрической речи к внутренней в пределе, т.е. какова природа внутренней речи.

This implies that egocentric speech is the key to the study of inner speech. Egocentric speech is still vocal and audible. Though internal in function and structure, egocentric speech is external in manifestation. In any investigation of a complex internal process, we must externalize that process to allow experimentation; we must connect it to some form of external activity. This permits an objective functional analysis based on observable external aspects of the internal process. With egocentric speech, we have what might be called a natural experiment. *Egocentric speech – a process internal in nature but external in manifestation – is accessible to direct observation and experimentation.* Thus, the study of egocentric speech is the method of choice for the study of inner speech.

The second advantage of this method is that it allows us to study egocentric speech dynamically in *the process of its development.* It allows us to study the gradual disappearance of certain characteristics and the gradual development of others. This provides us with the potential for understanding the trends characteristic of the development of inner speech. By analyzing what drops out in the developmental process, we can identify what is inessential to inner speech. Correspondingly, by analyzing what tends to be strengthened, what emerges more and more clearly in the developmental process, we can identify what is essential to it. Relying on methods of interpolation, we can follow the development from egocentric to inner speech and draw conclusions concerning the nature of inner speech itself.

Правильное понимание внутренней речи должно исходить из того положения, что внутренняя речь есть особое по своей психологической природе образование, особый вид речевой деятельности, имеющий свои совершенно специфические особенности и состоящий в сложном отношении к другим видам речевой деятельности. Для того чтобы изучить эти отношения внутренней речи, с одной стороны, к мысли и, с другой – к слову, необходимо прежде всего найти ее специфические отличия от того и другого и выяснить ее совершенно особую функцию. Небезразлично, думается нам, говорю ли я себе или другим. Внутренняя речь есть речь для себя. Внешняя речь есть речь для других. Нельзя допустить даже наперед, что это коренное и фундаментальное различие в функциях той и другой речи может остаться без последствий для структурной природы обеих речевых функций. Поэтому, думается нам, неправильно рассматривать, как это делают Джексон и Хэд, внутреннюю речь как отличающуюся от внешней по степени, а не по природе. Дело здесь не в вокализации. Само наличие или отсутствие вокализации есть не причина, объясняющая нам природу внутренней речи, а следствие, вытекающее из этой природы. В известном смысле можно сказать, что внутренняя речь не только не есть то, что предшествует внешней речи или воспроизводит ее в памяти, но противоположна внешней. Внешняя речь есть процесс превращения мысли в слова, ее материализация и объективация. Здесь – обратный по направлению процесс, идущий извне внутрь, процесс испарения речи в мысль. Отсюда и структура этой речи со всеми ее отличиями от структуры внешней речи.

Внутренняя речь представляет собой едва ли не самую трудную область исследования психологии. Именно поэтому мы находим в учении о внутренней речи огромное количество совершенно произвольных конструкций и умозрительных построений и не располагаем почти никакими возможными фактическими данными. Эксперимент к этой проблеме прилагался лишь показательный. Исследователи пытались уловить наличие едва заметных, в лучшем случае третьестепенных по своему значению и во всяком случае лежащих вне центрального ядра внутренней речи, сопутствующих двигательных изменений в артикуляции и дыхании. Проблема эта оставалась почти недоступной для эксперимента до тех пор, пока к ней не удалось применить генетический метод. Развитие и здесь оказалось ключом к пониманию одной из сложнейших внутренних функций человеческого сознания. Поэтому нахождение адекватного метода исследования внутренней речи сдвинуло фактически всю проблему с мертвой точки. Мы остановимся поэтому прежде всего на методе.

If we are to understand the phenomenon, we must begin with the thesis that *inner speech is a psychological formation that has its own unique nature*, the thesis that inner speech is a unique form of speech activity that has unique characteristics and stands in complex relationships to other speech forms. To study the relationships of inner speech to thought and to the word, we must identify what distinguishes inner speech from thought and word. We must clarify its unique function.

In our view, it is important in this connection that in one case I am speaking to myself and in the other to another. Inner speech is speech for oneself. External speech is speech for others. This is a fundamental functional difference in the two types of speech that will have inevitable structural consequences. In our view, then, it is incorrect to view the difference between inner and external speech as one of degree rather than of kind (as Jackson and Head, among others, have done). The presence or absence of vocalization is not a cause that explains the nature of inner speech. It is the consequence of its nature. Inner speech is not merely what precedes or reproduces external speech. Indeed, in a sense, it is the opposite of external speech. External speech is a process of transforming thought into word; it is the materialization and objectivization of thought. Inner speech moves in the reverse direction, from without to within. It is a process that involves the evaporation of speech in thought. This is the source of the structure of inner speech, the source of all that structurally differentiates it from external speech.

Inner speech is among the most difficult domains of psychological research. As a consequence, most theories of inner speech are arbitrary and speculative constructions based on little empirical data. The experiment has been used primarily as a demonstration or illustration. Research has centered on attempts to identify subtle shifts in articulation and respiration, factors that are at best three stages removed from the phenomenon of inner speech. This problem has remained almost inaccessible to the experiment because genetic methods have not be utilized. Development is the key to understanding this extremely complex internal function of human consciousness. BY identifying an adequate method for investigation inner speech, we can move the entire problem from its current stalemate. This first issue we must address, then, is that of method.

Chapter 12

Documents of everyday life

Russian life has changed dramatically since the break-up of the Soviet Union. Not only has the fundamental political structure of the country changed, but also the bureaucracy that is a part of the life of each and every one of us. As you might suspect, there are a large number of official documents that are central to the most mundane life experiences – becoming a licensed car driver, dealing with insurance companies, reading the descriptions on medications, applying for a passport or visa, applying for a job.

In the Soviet period, dealing with official documents was extraordinarily challenging for the average citizen. No crossing out or whiting out of errors was allowed, and red ink pens could not be used to fill out official forms. In some cases, only ink pens (not ballpoint) were allowed to be used. Today, things have loosened up considerably, but there is still a great deal of paperwork that accompanies many activities.

Practical 12.1

The following documents are part of the relatively new Russian Federation system of mandatory liability car insurance for all drivers. The first document contains important information for insurance owners to aid them in distinguishing authentic from counterfeit insurance policies. The second document is a form that must be filled out in the event of a car accident in order to file with the insurance company.

1. You have been commissioned to translate these documents for a British diplomat living in Moscow. It will be important for her to have a TT that is as close as possible to the intentions and language of the ST.

ST1

РОСГОССТРАХ ПРЕДУПРЕЖДАЕТ: БЕРЕГИТЕСЬ ФАЛЬШИВЫХ ПОЛИСОВ ОСАГО!

С начала июля 2003 года – первых дней действия Федерального закона РФ «Об обязательном страховании гражданской ответственности владельцев транспортных средств» в Российский союз автостраховщиков (РСА) стали поступать сигналы о случаях подделки страховых полисов обязательного страхования и специальных знаков государственного образца (стиккеров). География распространения фальшивок – от Санкт-Петербурга до Владивостока. Места распространения: авторынки, таможенные склады, территория, примыкающая к помещениям ГАИ – ГИБДД.

Качество фальшивых копий – от элементарно изготовленной на ксероксе и газетной бумаге до высококвалифицированной офсетной печати.

Приобретающие их автолюбители не подозревают, что совершают преступление, предусмотренное статьей 327 Уголовного Кодекса РФ.

По этой же статье несут ответственность (до 4 лет лишения свободы!) изготовители и сбытчики подделок. Степень ответственности значительно возрастет в случае обращения с подобными документами за страховым возмещением. Правоохранительные органы готовы к расследованию уголовных дел данной категории во взаимодействии со службами безопасности страховых компаний.

Основной гарантией защиты от аферистов является оформление гражданами договоров страхования в офисах страховых компаний, имеющих хорошую репутацию и соответствующую лицензию Министерства финансов Российской Федерации.

РОСГОССТРАХ ЯВЛЯЕТСЯ ИМЕННО ТАКОЙ КОМПАНИЕЙ.

Сообщаем ряд отличительных признаков подлинных полисов.

1. Штамп страховой компании. В левом верхнем углу полиса должен наличествовать штамп страховой компании.
2. Металлизированная «прошивка». На оборотной стороне полиса должна быть металлизированная защитная полоса – «прошивка».
3. Водяные знаки на гербовой бумаге. Все полисы изготовлены на гербовой бумаге с водяными знаками только в государственных типографиях, в том числе на Гознаке, степень защищенности соответствует степени защиты денежных знаков. Бланки имеют единую форму на всей территории РФ и являются документами строгой отчетности.
4. Скрытая аббревиатура Всероссийского союза автостраховщиков (РСА).
5. Микрошрифт.

ST2

Извещение о ДТП

Составляется водителями ТС. Содержит данные об обстоятельствах ДТП, его участниках

1. Место ДТП (республика, край, область, район, населенный пункт, улица, дом)
2. Дата ДПТ (день, месяц, год) (часы, минуты)
3. Количество поврежденных ТС (число)
4. Количество: раненых (лиц, получивших телесные повреждения) (число) погибших (число)
5. Проводилось ли освидетельствование участников ДТП на состояние опьянения (нужное отметить: да, нет)
6. Материальный ущерб, нанесенный
   другим транспортных средствам (кроме "А" и "В") (нужное отметить: да, нет)
   другому имуществу (нужное отметить: да, нет)
7. Свидетели ДТП (фамилия, имя, отчество, адрес места жительства)
8. Сотрудник ГИБДД, который проводил оформление ДТП (нагрудный номер)

Транспортное средство «А»

9. Марка, модель ТС
   Идентификационный номер (VIN)
   Госуд. регистр. знак
   Свид. о регистрации (серия, номер)
10. Собственник ТС (ФИО (наименование юр. лица)
    Адрес
11. Водитель ТС (ФИО)
    Дата рождения
    Адрес
    Телефон
    Вод. удостоверение (серия, номер)
    Категория (А, В, С, D, Е) Дата выдачи

Документ на право владения, пользования, распоряжения ТС (доверенность, договор аренды, путевой лист и т.п.)

12. Страховщик (наименование страховщика, застраховавшего ответственность)
    Страх. полис (серия, номер)
    Действителен до (день, месяц, год)
    ТС застраховано от ущерба (нет, да)
13. Место первоначального удара (указать стрелкой (→))
14. Перечень видимых поврежденных деталей и элементов
15. Замечания

РОСГОССТРАХ ПРЕДУПРЕЖДАЕТ:
БЕРЕГИТЕСЬ ФАЛЬШИВЫХ ПОЛИСОВ ОС АГО!

начала июля 2003 года - первых дней действия Федерального закона РФ Об обязательном страховании гражданской ответственности владельцев транспортных средств» в Российский союз автостраховщиков (РСА) стали оступать сигналы о случаях подделки страховых полисов обязательного рахования и специальных знаков государственного образца (стикеров). ография распространения фальшивок - от Санкт-Петербурга до Владиво-ока. Места распространения: авторынки, таможенные склады, терри-рия, примыкающая к помещениям ГАИ-ГИБДД.

чество фальшивых копий - от элементарно изготовленной на ксероксе и зетной бумаге до высококвалифицированной офсетной печати.

рнобретающие их автолюбители не подозревают, что совершают прес-пление, предусмотренное статьей 327 Уголовного Кодекса РФ.

По этой же статье должны нести ответственность (до 4 лет лишения свободы!) изготовители и сбытчики подделок. Степень ответственности значительно возрастает в случае обращения с подобными документами за страховым возмещением. Правоохранительные органы готовы и рас-следованию уголовных дел данной категории во взаимодействии со службами безопасности страховых компаний.

Основной гарантией от аферистов является оформление гражданами до-говоров страхования в офисах страховых компаний, имеющих хорошую репутацию и соответствующую лицензию Министерства финансов Рос-сийской Федерации.

РОСГОССТРАХ ЯВЛЯЕТСЯ ИМЕННО ТАКОЙ КОМПАНИЕЙ.
Сообщаем ряд отличительных признаков подлинных полисов.

ШТАМП РАХОВОЙ ОМПАНИИ.

левом верхнем у полиса должен аличествовать тами страховой омпании.

① ООО "РГС – Северо-Запад"
г. Санкт-Петербург,
Ушаковская наб., д. 5

СТРАХОВОЙ ПОЛИС ААА № 0203342028
ОБЯЗАТЕЛЬНОГО СТРАХОВАНИЯ ГРАЖДАНСКОЙ ОТВЕТСТВЕННОСТИ
ВЛАДЕЛЬЦЕВ ТРАНСПОРТНЫХ СРЕДСТВ

Срок страхования: с

1. Страхователь

2. Транспортное средство (ТС)

Собственник

Марка, модель ТС   Идентификационный номер ТС   Государстве регистрацион

Паспорт ТС серия   №

3. Лица, допущенные к управлению ТС (для ТС, принадлежащих гражданам)

4. Период использования ТС в течение срока страхования (для ТС, принадлежащих гражданам)

5. Страховая сумма. 400 тысяч рублей, а именно:

6. Страховой случай

7. Выданы специальный знак государственного образца серии   №

8. Особые отметки

Страхование по настоящему полису осуществляется в соответствии с Федеральным законом «Об обязательном страховании гражданской ответственности владельцев транспортных средств».

② МЕТАЛЛИЗИ-РОВАННАЯ «ПРОШИВКА».

а оборотной ороне полиса олжна быть еталлизированная ащитная полоса - прошивка».

③ 3.ВОДЯНЫЕ ЗНАКИ НА ГЕРБОВОЙ БУМАГЕ.

Все полисы изготовлены на гербовой бумаге с во-дяными знаками только в государственных ти-пографиях, в том числе на Гознаке, степень за-щищенности соответ-ствует степени защиты денежных знаков. Бланки имеют единую форму на всей террито-рии Российской Федера-ции и являются докумен-тами строгой отчетности.

④ .СКРЫТАЯ АББРЕВИАТУРА Всероссийского союза автостраховщиков (РСА).

⑤ 5.МИКРОШРИФТ.

Practical 12.2. Prepositional phrases

In Chapter 10, we introduced five types of prepositional constructions that are important to the structure of legal documents. Many of those constructions are also found in other types of documents and in scientific and scholarly texts. Review the examples given in Chapter 10 and fill in the blank with the required preposition (given in the same five categories as in Chapter 10). The potential answers for each category are given at the beginning of each grouping.

12.2.1. в связи, в результате, благодаря, вследствие

(1) _____ аварии дорога временно закрыта.
(2) _____ анкетированию была получена интересная информация о положении женщин в России.
(3) _____ научно-технического прогресса расширяются возможности практического применения научных исследований.
(4) _____ с неблагоприятными погодными условиями эксперимент будет проводиться в лаборатории.
(5) В организме человека происходит окисление кислородом различных веществ, _____ образуется углекислый газ.

12.2.2. в целях, с целью

(1) _____ сохранения природы разрабатывается международная программа охраны окружающей среды.
(2) _____ получения оптимального результата эксперимент проводился по известному научному методу.

12.2.3. на основании, за счет, в соответствии

(1) Компьютер работает _____ с программой.
(2) _____ результатов проведенного анализа были сделаны важные выводы.
(3) Результаты проведенного эксперимента представляют большой научный интерес _____ возможности применения в медицине.

12.2.4. при, в ходе, в течение, в процессе

(1) _____ развития науки расширяется область исследования космоса.
(2) _____ социализме существует общественная собственность на средства производства.

(3) _____ развития общества развивается и изменяется язык.

(4) _____ веков происходило изменение земной поверхности.

12.2.5. при, в случае

(1) Нельзя проводить эксперимент _____ отсутствии необходимых данных.

(2) Только _____ наличии достаточной информации можно проводить дискуссию по этому вопросу.

(3) _____ замены простых предложений сложным необходимо соответственно изменить предлоги.

Practical 12.3

In the Russian Federation, it is not legal to allow someone else to drive your car unless you have given them official permission. This includes family members as well as friends and strangers. Before 2000, this document had to be completed at the office of a notary public. Today, it is sufficient to type or write it out by hand with the owner's signature at the bottom. This document, called доверенность, has many forms, from simple permission to drive the car to the right to not only use the car, but sell it (called генеральная доверенность). (Генеральная доверенность must be done by a notary, and not all notary offices have the right to produce this document.)

1. The following document is a sample permission form from the car owner to a friend. The document has a standardized part and blanks for specific answers relating to the persons and vehicles involved. Translate the document and maintain the two separate parts of the document in your TT.
2. What is the notary public's name?

Practical 12.4

The following excerpt is taken from a short story by Natalja Tolstaya, "Хочу за границу" (Сестры, Moscow: Podkova, 1998), 263–5. Tolstaya is recalling her first trip to Denmark from Russia in the late Soviet period and the enormous amount of red tape and paperwork required to receive her international passport and visa.

1. Create a TT in which the sarcasm and irony are preserved.
2. Point out phrases from the ST that are clear examples of figurative word meanings.

78 **ВЗ** 478956

ДОВЕРЕННОСТЬ

Санкт-Петербург, улица Восстания, дом 6
двадцать шестого января две тысячи восьмого года

автомобиль марки **КИА ПИКАНТО**
цвет **ОРАНЖЕВЫЙ**
госуд. регистрационный знак
идентификационный номер (VIN)
год выпуска 2005 , двигатель N G4HG 5034599
шасси- N ---- , кузов N
состоит на учете в ГИБДД Петродворцового района Санкт-Петербурга

Я, гр. года рождения;
выданный Петродворцовым РУВД Санкт-Петербурга
03 января 2001 года, проживающая в Санкт-Петербурге,
улица дом квартира ,

настоящей доверенностью уполномочиваю
гр. паспорт проживающую в
Санкт-Петербурге, улица дом квартира

управлять и распоряжаться вышеуказанным автомобилем, следить за
техническим состоянием, производить необходимый ремонт, быть моим
представителем во всех учреждениях и организациях, в том числе в
ГИБДД, Федеральной налоговой службе, Военкомате, страховых компаниях,
с ПРАВОМ продажи, залога, сдачи в аренду, получения денег, снятия и
постановки на учет в ГИБДД, Федеральной налоговой службе, Военкомате,
с правом замены и выбраковки номерных агрегатов, получения
Свидетельств на высвободившийся номерной агрегат, изменения цвета, с
правом перерегистрации ТС по новому месту жительства владельца,
внесения изменений в регистрационные документы и паспорт ТС,
получения дубликатов ПТС, регистрационных документов и номерных
знаков взамен утраченных, получения ТС со спец. стоянок, с правом
утилизации, переоборудования, с правом получения, продления и замены
транзитных номеров, оформления страховки и получения страхового
возмещения, а также получения страховых выплат, связанных с
возмещением причиненного ущерба, с правом внесения изменений и
дополнений в страховой полис, с правом прохождения технического
осмотра в ГИБДД, выезда за границу России, для чего предоставляю
право подавать и получать все необходимые справки и документы,
подавать заявления, расписываться за меня и выполнять все действия и
формальности, связанные с данным поручением.

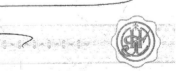

ООО "Типография Евроскрин-2 СПб" СПб. 2007 г. Уголовн. "Г".

Доверенность выдана С ПРАВОМ передоверия сроком на ТРИ ГОДА.

Подпись лица, выдавшего доверенность

Санкт-Петербург
Двадцать шестого января две тысячи восьмого года.
Настоящая доверенность удостоверена мной, Мальцевой Людмилой
Иосифовной, нотариусом нотариального округа Санкт-Петербурга,
действующим на основании лицензии N 109, выданной Управлением юстиции
Мэрии Санкт-Петербурга 23 апреля 1993 года. Доверенность подписана
гр.   в моем присутствии, личность ее
установлена, дееспособность проверена.

   Зарегистрировано в реестре за N 7- 393
   Взыскано по тарифу 200(двести) рублей 00 копеек
   Нотариус

Мальцева Л. И.

Наталья Толстая, «Хочу за границу»

Желание поехать в Данию легко можно объяснить городу и миру: человек десять лет преподает датский язык и литературу. Так можно посмотреть, что за страна такая, а? Нет?

Мечта, дремавшая годами, проснулась, когда на кафедру из иностранного отдела пришло одно место на недельную ознакомитель ную поездку в Данию. зав. кафедрой сказал: «Характеристику пишите себе сами. Вам ехать – вы и бегайте».

Характеристику (6 экземпляров под копирку) надо было сперва показать дяденьке из комнаты по оформлению загранкомандировок. была такая комнатка в углу, за машбюро, а дяденька – вежливый, с внимательным взглядом. От него пахло только что выпитым кофе.

– Придется, Марина Николаевна, переписать характеристику. Вы ничего не сообщили о первом браке: ФИО первого, год и место рождения, где работает . . .

Отдельной строкой напечатайте: «Партком, профком и ректорат поставлены в известность о причинах развода доцента Петровой и согласны с причинами развода».

Марина растрогалась: сама не знала, зачем, дура, развелась, а в ректорате (сотня баб) – знают и согласны.

В иностранный отдел стояла очередь за бланками. Отдел работал – час утром, час вечером, среда неприемный день. Две девицы, черненькая и беленькая, с утра утомленные тем, что народ по десять раз переспрашивает одно и то же, говорили тихими монотонными голосами, скрывая раздражение:

– Повторяю еще раз. Эти четыре бланка заполняются от руки. На машинке нельзя! Теперь держите восемь розовых бланков, эти только на машинке! Указывайте девичью фамилию матери и жены.

– Тут места не хватит.

– Ну что вы как маленький, ей-богу! Можете писать сокращенно – дев. фам . . . Всех, всех родственников укажите . . . Так, держите шесть голубеньких, здесь пишите национальность и партийность, а место работы не надо. Ну, и двадцать четыре фотографии, матовых, в овале, без уголка.

Новички недоумевали: зачем двадцать четыре? Одну – на паспорт, а двадцать три куда приклеят?

– Следующий!

Старая дама прошмыгнула без очереди.

– Я уже была. Я только спрошу! Будьте так добры...

Из-за двери послышался виноватый голос:

– Простите, Танечка, опять вас беспокою. Если отец умер, его надо писать?

– Обязательно. И укажите, был ли он членом партии или нет? И где похоронен, напишите. Название кладбища, ряд, место. Ириша! Закрывай дверь. Сегодня больше не принимаем, и так зашиваемся.

Practical 12.5

Jurij Gladil'ščikov, correspondent for Русский *NEWSWEEK*, tells his readership what lengths journalists must go to in order to be invited to pre-screenings of Hollywood films (28 July–3 Aug. 2008), 64.

1. Translate the following excerpt, attempting to preserve the journalistic tone typical of the English-language *NEWSWEEK*.
2. What violations of Russian orthography did you find in the article? Explain with examples.
3. Compare the use of participles in this articles with other media articles in preceding chapters.
4. Do most Russian readers know the meaning of сиквел? Explain, using evidence from the article.
5. Find all examples of discourse markers in this article and compare their meanings with the ones given in Chapter 9.

От сиквела слышу!

О «Мумии: Гробнице Императора Драконов» можно говорить лишь как о покойном: либо хорошо, либо ничего

Закрытая премьера третьей «Мумии», которая выйдет в наш прокат 31 июля, прошла в Москве в минувший четверг – в присутствии Брендана Фрейзера, Марии Бело, которая заменила вовремя соскочившую Рейчел Уайс, и других звезд. Наверняка в блогах уже появились мнения. Но я, как и другие допущенные на закрытый показ критики, высказываться не имею права. Повязан. В прошлом номере мы говорили о тех дурацких мерах, которые стали предпринимать голливудские студии для создания атмосферы секретности вокруг своих главных хитов. Так вот, мне пришлось подписать официальное соглашение со студией Universal (натуральное, на английском), что я не имею права критиковать фильм в печати, на ТВ, по радио и в Интернете до его выхода в прокат. Иначе меня не допустили бы на просмотр.

Между тем в «Русском Newsweek» принято писать о фильме до его выхода. Значит, надо выкручиваться. Давайте-ка тогда поговорим о закономерностях, которые стали проявляться в фильмах-продолжениях – сиквелах – уже вышедших и выходящих на экраны в этом году.

. . .

Продюсеры уверены, что нас можно взять голыми руками – одними спецэффектами, мультяшкой. Парадом аттракционов – отнюдь не в эйзенштейновском понимании. Будут, мол, эти идиоты (мы то бишь) сидеть и рот разевать. А чего его разевать, если мы знаем, что вам эти спецэффекты уже совсем ничего не стоят . . .

Похоже, продюсеры уверены в нарастающей дебилизации кинона-
селения, каковой сами и содействовали . . . Продюсеры, как и редак-
торы некоторых наших телеканалов и глянцевых журналов, настолько
вжились в роль сформированного ими же дебила-потребителя, что по
собственной воле стали такими же дебилами.

Practical 12.6

Stocks and bonds have become an integral part of modern Russian life. The world of
high finance plays a significant role in Russian print media and television news broad-
casts. The following series of five short news articles give a revealing look at the fate
of the Russian Mining Company, Мечел (Mečel), and the relationship between the
stock market and politics. Different points of view are reflected by the articles, which
include an official statement from the company itself, remarks from the Russian
Prime Minister, and journalists from leading news sources (Vedomosti, Эксперт
Online, and Русский Newsweek). Specialized vocabulary and abbreviations are given
below. The class may wish to divide up the texts between small groups.

1.   Provide a gist translation of each of the five excerpts.
2.   Add commentary to each of the five TTs concerning your determination of
     goals embedded in the original STs.
3.   What are the potential outcomes of the Mečel affair?
4.   Identify any phraseologisms in the five STs.

ST 1

«Префы» на $2 млрд

Vedomosti, 125 (9 July 2008)

Автор: Юлия Федоринова

Мечел вчера официально объявил о намерении разместить привилегированные акции на 11,67% от увеличенного уставного капитала
(55 млн шт.). Торговаться они будут в РТС и на ММВБ, а GDR на
акции – на Франкфуртской фондовой бирже. Организаторы размещения – Morgan Stanley, «Ренессанс капитал» и «КИТ финанс».

Road show началось 7 июля, книга заявок будет закрыта 22 июля,
рассказали «Ведомостям» несколько инвестбанкиров со ссылкой на
клиентов. Всего Мечел рассчитывает привлечь до $3 млрд, говорит
источник, близкий к компании. «Интерфакс» со ссылкой на неназван-
ный источник передает, что сумма сделки составит $2,3–2,5 млрд.
Ценовой коридор будет объявлен на следующей неделе, утверждают
банкиры.

Вчера же Мечел разослал инвесторам проспект к размещению, в котором предупредил о рисках покупки бумаг. В частности, Мечел указывает, что налоговые органы по результатам проверки использования компанией трансфертных цен в 2004–2005 гг. доначислили ей $20,2 млн налогов (включая штрафы). Компания выиграла иски, но решения могут быть оспорены в Верховном суде, предупреждает Мечел. Кроме того, компания сообщила, что, возможно, у нее есть налоговые обязательства на $37 млн, не отраженные в отчетности на конец 2007 г.

. . .

Аналитик банка «Траст» Александр Якубов говорит, что «нормальным» считается 25%-ный дисконт цены привилегированных акций к обыкновенным. Он считает, что налоговые риски, объявленные компанией, не будут помехой для размещения.

. . .

Мечел. Горно-металлургическая компания
Выручка по US GAAP - $6,68 млрд (2007 г.).
Чистая прибыль – $913 млн.
Капитализация – $18,56 млрд (NYSE).
Владельцы: около 70% принадлежит Игорю Зюзину, остальное – у портфельных инвесторов.
permanent article address: http://dlib.eastview.com/sources/article.jsp?id=18588008
привилегированные акции – префы
РТС – Российская торговая система
ММВБ – Московская межбанковская валютная биржа
GDR – Глобальные депозитарные расписки (global depositary receipts)

ST2

- *О чем говорят на бирже*

Пять миллиардов за пять минут

Светлана Локоткова, автор *«Эксперт Online»*, *«Эксперт»*, *«D`»* (**28 июля 2008 г.**)

Безостановочное падение российского рынка продолжается. Причем темп его ускоряется. Вчера российские индексы в очередной раз обновили локальные минимумы, а ММВБ закрылся в непосредственной близи от нового дна. Индекс РТС снизился на 2,13% до 2066,70 пункта, индекс ММВБ – на 1,84% до 1573,53 пункта. За время коррекции, начавшейся в середине мая, российский рынок потерял уже почти 20%.

Главной жертвой «медведей» стали бумаги нефтегазовых компаний, которые рухнули на 3–4% – до минимальных отметок с весны этого года. При этом котировки нефтянки опустились ниже важных уровней поддержки – 200–дневной средней по «ЛУКойлу» и 285 рублей по «Газпрому». Впрочем, российские нефтяники в своем горе не одиноки. Аналогичная ситуация наблюдается и по всему миру – вчера акции бразильской нефтяной госкомпании Petrobras рухнули на 3,32%. А две крупнейшие американские нефтяные компании Chevron, Exxon Mobil потеряли 3,48% и 2,25% соответственно.

Впрочем, это неудивительно. Цены на нефть упали до минимального за последние семь недель уровня. По сравнению с историческим максимумом выше 147 долларов за баррель стоимость «черного золота» потеряла уже более 23 долларов, или 15%. Это самое значительное снижение в долларовом выражении за всю историю рынка. А в процентном – падение цен стало самым большим с января этого года.

. . .

Но главные события развернулись уже после закрытия российских фондовых площадок. На проходившем в Нижнем Новгороде совещании по вопросам развития металлургии премьер страны **Владимир Путин** обрушился с критикой в адрес «Мечела». И продемонстрировал, как легко можно потерять за 5 минут 5 млрд долларов. «Есть у нас такая уважаемая компания – «Мечел». Кстати, ее собственника и руководителя **Игоря Владимировича Зюзина** мы пригласили на это совещание, но он вдруг заболел. Так вот, в первом квартале текущего года компания продавала сырье за границу по ценам в два раза ниже внутренних, а значит, и мировых. А маржа где, в виде налогов для государства?» – поинтересовался премьер. «Конечно, болезнь есть болезнь», – признал Путин, но посоветовал владельцу «Мечела» поскорее выздороветь. «Иначе к нему доктора придется послать и зачистить все эти проблемы, – предупредил он. – Прошу Федеральную антимонопольную службу обратить на эту проблему особое внимание, а может быть даже, и Следственный комитет прокуратуры. Надо разобраться, что тут происходит».

Сразу после этого заявления на торгах в Нью-Йорке американские депозитарные расписки на акции «Мечела» подешевели на рекордные за все время торгов 37,61% – с 36,6 до 22,84 доллара. Капитализация компании сократилась, таким образом, на 5,7 млрд долларов – с 15,2 млрд до 9,5 млрд долларов.

«Мечел» – крупнейший производитель коксующегося угля в России. В первом полугодии группа увеличила производство на 58%, до 14,03 млн тонн, главным образом за счет интеграции «Якутугля». Ситуацией на рынке коксующегося угля Федеральная антимонопольная служба уже интересовалась. Сначала ФАС, обеспокоенная возможным ростом цен на коксующийся уголь и угольный концентрат на российском рынке, направила запросы всем основным производителям для выяснения объемов поставок на внутренний рынок, порядка ценообразования и динамику цен, а на прошлой неделе обвинила три компании группы «Мечел» (ООО «Торговый дом «Мечел», ОАО «Южный Кузбасс» и ОАО ХК «Якутуголь») в нарушении антимонопольного законодательства.

В частности, ФАС выявила нарушения антимонопольного законодательства, проявившиеся в необоснованном прекращении поставок угольного концентрата ТД «Мечел» в адрес ОАО «Новолипецкий меткомбинат», а также в отказе ТД ХК «Мечел» и ОАО ХК «Якутуголь» от заключения договора поставки угольного концентрата в адрес НЛМК. Кроме того, как утверждает ведомство, ТД «Мечел» устанавливал и поддерживал монопольно высокую цену на угольный концентрат, что также противоречит антимонопольному законодательству.

На этой неделе «Мечел» планировал разместить в России и за рубежом привилегированные акции на 11,6% капитала и привлечь порядка 2 млрд долларов. Однако сделка была отложена на август из-за того, что инвесторов не устроили предложенные «Мечелом» ценовые условия. Теперь «Мечелу» не до инвесторов. Теперь надо ждать докторов.

ST3

From Русский *Newsweek* (28 July–3 Aug. 2008), 6, Igor' Ivanov

БИЗНЕС: АКТИВИРОВАЛИ УГОЛЬ

В минувший четверг премьер-министр Владимир Путин обвалил курс акций металлургической компании «Мечел», пообещав ей проверку Федеральной антимонопольной службы и Следственного комитета прокуратуры. Премьер обратил внимание ведомств на тот факт, что в первом квартале компания поставляла коксующийся уголь за границу вдвое дешевле, чем продавала его в России. Спорить с этими обвинениями, по сути, столь же бессмысленно, как и обсуждать, действительно ли ЮКОС не платил налоги: суд решил, что не платил. Любая проверка «Мечела» подтвердит, что он действительно продавал уголь за границу вдвое дешевле, чем отечественным потребителям. Более того, в первом квартале так, вероятно, делали все российские производители кокса.

ST4

Владимир Путин перешел с личностей

Kommersant. Daily, 135 (2 Aug. 2008), 7

Портрет недели

Премьер-министр Владимир Путин в понедельник объяснил, что его атака на группу "Мечел" и ее руководителя Игоря Зюзина не следствие личной неприязни, а забота государства о налогах. Борьба с трансфертным ценообразованием продолжена, помимо "Мечела" Федеральная антимонопольная служба занялась и Evraz Group, а вице-премьеру Алексею Кудрину предписано ускорить разработку соответствующих поправок к Налоговому кодексу

permanent article address: http://dlib.eastview.com/sources/article.jsp?id=18704084

ST5

Официальное сообщение ОАО « Мечел"

Москва, Россия – 25 *июля* 2008 *г.* – ОАО *"Мечел" публикует официальное сообщение.*

Компания «Мечел» разделяет озабоченность Правительства Российской Федерации, предприятий металлопотребляющих отраслей и металлургического комплекса ростом цен на металлопродукцию и сырьевые ресурсы в последнее время.

Как уже сообщалось, компания "Мечел" приступила к формированию долгосрочных коммерческих отношений с ключевыми партнерами и заключила ряд договоров на поставки своей продукции до конца текущего года.

Компания "Мечел" выражает готовность к сотрудничеству с федеральными органами исполнительной власти Российской Федерации и, при необходимости, предоставит исчерпывающую информацию по всем возникающим вопросам.

ОАО "Мечел"
Илья Житомирский
Тел: + 7 495 221 88 88
ilya.zhitomirsky@mechel.com

Practical 12.7

Teenage driving often entails a hefty increase in car insurance costs for families. Until recently, teenagers have not been a significant group of drivers in the Russian Federation. Below is a short passage from an Allstate ad on the back cover of *Newsweek* (11 Aug 2008).

1. Translate the passage into Russian. Pay special attention to all of the gerunds in the English ST and what would be the best way to render them in the Russian TT.

ST

Remember all the stupid things you did behind the wheel when you were a teenager?

Now add a cell phone, a vanilla soy latte and an MP3 player.

Whether texting, drinking or scrolling through songs, multitasking doubles the risk of having an accident.

Ban digital distractions.

Put limits on teen driving.

Have the driving talk.

It may be surprising, but 75% of teens said their parents would be the best influence in getting them to drive more safely.

Chapter 13

The language of computers and the internet

Russia has embraced the information age with great gusto. Not only does Russia boast some of the most talented and original computer programmers (and hackers) in the world, but the population itself, especially young teenagers, college students and young professionals, has fully engaged with cell phones, computers, instant messaging, e-mail and chat rooms. The role of the internet and computers will probably increase, not decrease, in the next decade, and with this in mind, we propose a short section on Russian terminology needed to function in this new and fast-paced world.

CSR often has multiple forms for individual computer types and functions. This is a result of the two pathways generally taken in generating Russian equivalents for computer-based terminology (which is often English-based): borrowings and calquing. Consider the following examples of Russian-English correlations:

компьютер	computer
комп	computer
ноутбук	computer, notebook
лэптоп	laptop computer
рабочий стол, десктоп	desktop (the screen of the computer)
настольный ПК	desktop personal computer (not a laptop)
сайт	site
загружать, загрузить	turn on the computer, load the programs
зависать, зависнуть	freeze up
качать, скачивать, скачать	download
скачивание	downloading
сжатие графических данных	pack graphic files
сжимать, сжать	pack
жесткий диск, винчестер	hard drive
сканер	scanner
сканирование	scanning
сканировать	scan
мышь, мышка, крыса, мыша	mouse
крысодром, коврик для мыши	mouse pad

мама, материнская плата	mother board
Интернет	internet
сеть	net, network
сетевой	net, network (adj)
сетевой фильтр	surge protector
Мозила	Mozilla
чат	chat, chat room
чатиться	chat on-line
имейл (Е-мейл)	e-mail
СМС, SMS	SMS, instant messaging
эсэмэситься	to instant message
электронная почта	electronic mail
лазить по Интернету, по сайтам	surf the internet, sites
онлайн	on-line
оффлайн	off-line
портал	portal
почтовый ящик	mail box
приложение	attachment
флэшка	flash drive
база данных	data base
электронные носители	electronic resources
посылать в электронном виде	send electronically
веб	web
веб-дизайн	web design
провайдер	provider
пингвин	Linux
смайл	smile symbol (☺ or :))
баг, червь	bug
браузер	browser
гарнитура	blue tooth
домашняя страница, хомяк	homepage
закладка	bookmark
юзер, пользователь	user
логин	login
пин-код	pin number
ник	nickname (on the web)
геймер	gamer (one who plays computer games)
программер, программист	programmer
беспроводной интернет, WiFi-доступ	wireless internet

Not all of the correlations are intuitive, and in many cases there are multiple forms available in both languages. Here, too, can be found many examples of English words or abbreviations that are not even transliterated (including SMS, e-mail or the hybrid Е-мейл, variation with terms like login/логин, etc.).

Practical 13.1

The following passage is a short story, Смерть в чате, from Irina Denežkina's collection, Дай мне: (Song for Lovers) (St Petersburg: Limbus Press, 2002), 198–9. Notice the bilingual nature of the title, which is in no way a translation, but two entirely separate titles.

1. Create a TT that preserves the tone and style of the ST. Pay special attention to lexical forms related to the internet and computers.
2. Is it possible to preserve the same types of forms (abbreviations, verbs, play on words) that are given in the ST?

Ирина Денежкина, «Смерть в чате»

Однажды сижу за компом. Вдруг – стук. Так явственно слышу: «Тук-тук!» Кто это в два часа ночи? странно . . . Сижу дальше. Тит дверь тихонько приоткрывается и входит нечто в балахоне. И с косой.

– Ты кто? – спрашиваю, оробев для начала.

– Смерть, – тихо так отвечает. Стесняется.

– З-з-зачем?

Стоит, с ноги на ногу переминается. Косу в ручках вертит.

– Да так, – говорит. – Шла мимо, ну, и зашла . . .

А че? Жалко, что ли?

– Нет, – отвечаю приободрившись. – С чего ты взяла? проходи. Чай будешь пить?

Она смущенно так плечиком пожимает. Стесняется. Села все-таки на краешек стула. А я – за чаем. Вскипятить ведь надо. И сахару поло-жить. Не без сахара же в самом деле . . .

Возвращаюсь в комнату – Смерть у компа сидит и пальцами по клавиатуре перебирает. Медленно. Сразу видно – редко общается с компом.

– Чего, – спрашиваю, – делаешь?

– Чатюсь . . . – отвечает такая довольная.

Ну и хрен с ней. Пусть чатится. Че, жалко, что ли? Я не жмот.

Сел рядом, смотрю на экран. Смерть чатится от имени Nasty. Пишет всякую фигню. Здоровается. «Смайлы» кидает. В общем, освоилась.

Ну, потом попили мы чаю. С пряниками, между прочим. Я же не жмот. Не жалко для Смерти. Пусть кушает. Вот . . . Попили чаю, она и засобиралась.

– Пойду, – говорит. – Дела у меня. Сам понимаешь.

– А то ж, – соглашаюсь. – дела так дела. Заходи еще.

– Обязательно!

И улыбается. Понравился я ей, видно. Я вообще добрый парень. Нравлюсь людям.

Ушла она. А я – в чат. Заждались, поди. Захожу – а там никого. То есть есть. Но видно, что давнишние сообщения. Не обновляются. Самое последнее такое: «Ну че, придурки, допрыгались?» От имени Nasty. Где-то я уже этот ник видел . . . Ну да ладно. Пойду мыло проверю.

Practical 13.2

Here are five examples of warranties that may accompany a HP product sold in Russia (HP ad brochure «Идеи: Пора увидеть больше», 2008).

1.   Translate these five source texts into a TT that would be appropriate in English-language computer advertising. These warranty STs are probably the result of a combination of translation from English into Russian, as well as some local changes to the general warranty itself.

13.2.1. Гарантия:

Ограниченная гарантия на 3 года. Обслуживание на месте установки включено.

13.2.2. Гарантия:

Три года на детали и работу и обслуживание на месте на следующий день после вызова. Имеются ограничения. Условия гарантии могут изменяться.

13.2.3. Гарантия:

Три года, авансовая замена устройства.

13.2.4. Гарантия:

Пожизненная гарантия с опережающей заменой на следующий рабочий день (доступна в большинстве стран).

13.2.5. Гарантия:

Три года с выездом к заказчику

Practical 13.3

The following excerpts from Karmyzova's article on computer jargon and slang offer examples of Russian lexical equivalences of English-based internet and computer terminology. Note that only the fifth thematic lexical group (ТГ5) is included in this section (ТГ = тематическая группа).

1. Read the first two paragraphs carefully in preparation for generating an English TT for the final two paragraphs of the excerpt. It is taken from O. A. Karmyzova, «Некоторые особенности тематической организации лексики компьютерного жаргона (на материале английского и русского языков)», http://tpl1999.narod.ru/WEBLSE2002/KARMYZOVALSE2002.HTM].

2. Explain the acceptable ways of expressing English computer terms in Russian texts. Give examples of each type.

ST

Тематическая группа (ТГ)5. «Интернет»

Образовавшаяся в последние годы тематическая группа слов, семантически связанных с Интернетом, смыкается, с одной стороны, с *ТГ4* (в общей части лежат единицы, подобные *spider; искалка* «программа-поисковик»), и с другой стороны – с *ТГ4* (здесь объединяющими выступают жаргонизмы типа *surf; ходить* «перемещаться в Интернете». Ядро жаргонной лексики анализируемой группы выражает понятия, специфичные для всемирной сети: *cobweb site* «устаревший, не обновляемый сайт», *whack-a-mole windows, spam* «названия различных видов навязчивой рекламы в Интернете», *gun; отстрелить* «отключить от сети», *хомяк* (от англ. *home page*) «домашняя страница».

Вследствие того, что Интернет – относительно новое явление, особенно в России, *ТГ5* включает в себя недавно созданную лексику, жаргонные неологизмы, соответствующие модели «новое означающее для нового означаемого». В ряде случаев они являются не только новыми, но и единственными наименованиями реалий, не имеющих обозначения в терминологии. Ср.: *Ирка* «программа для публичного интерактивного общения в сети», мотивировано англ. *IRC* (*Internet Relay Chat*), *Аська* «программа для частного интерактивного общения в сети», мотивировано англ. *ICQ* (*I seek you*), *скачивать, сливать* (соответствует англ. *download*) «переносить информацию из сети на свой компьютер». Ввиду отсутствия адекватного термина подобные жаргонизмы, аналогично единицам *ТГ 4.1*, выполняют номинативную функцию, традиционно присущую терминологии.

. . .

Новые технологии компьютерного пиратства проникают и в Россию, где носители компьютерного подъязыка используют в речи на данную тему транслитерированные и транскрибированные английские термины, а в письменной речи включают их в русский текст без изменения графики. Так, в текстах телеконференций были отмечены следующие примеры словоупотребления: *фрикинг* (от англ. *freaking*) «подключение к телефонным линиям», *warez'ы* (от англ. *warez*), *cracks* («... *у кого есть cracks?*») «программы-взломщики». Подобные словоформы носят нерегулярный характер и, очевидно, еще не освоены системой русского языка.

Исконно-русские жаргонизмы типа *ковырнуть, ломануть, покрушить* «взломать программу», *фомка, ломик* «программа для взлома» также допускают возможность индивидуального словотворчества – подбор синонимичных жаргонизмов-метафор, имеющих сходное основание для переноса, словообразовательные и фонетические варианты. Подобные жаргонные единицы не могут быть ядром тематической группы из-за своей неустойчивости.

Practical 13.4

From «Проблема перехода компьютерных терминов в русский сленг», http://www.artprojekt.ru/referats/humanities/ya_z145.htm].
Read the following passage carefully.

1. Create a TT for an audience of computer users who have no knowledge of the Russian language.
2. Create a second TT for computer users who have a strong background in linguistics.
3. Compare and discuss the differences in these two texts.

Многие из существующих профессиональных терминов достаточно громоздки и неудобны в ежедневном использовании. Возникает мощная тенденция к сокращению, упрощению слов. Например, один из самых частоупотребляемых терминов – 'motherboard', он имеет такое соответствие в русском языке как "материнская плата". В сленге же этому слову соответствует "мамка" или "матрешка". Или другой пример: 'CD-ROM Drive' переводится на русский как "накопитель на лазерных дисках", в сленге имеет эквиваленты "сидюк", "сидюшник" . Следующее предложение содержит слова иллюстрирующие тенденцию к сокращению: "Компы бывают двух видов – бимы и маки" (Персональные компьютеры бывают двух видов – IBM-совместимые и Macintosh) Люди, работающие с вычислительной техникой в нашей стране достаточно молодые, преимущественно до сорока лет. В связи с этим опять же появляется желание разбавить эти термины юмором, добавить собственную эмоциональную окраску, элемент непринужденности. Достаточно вспомнить "флопповерт" (дисковод) или "утоптанный" (сжатый программой архиватором).

. . .

Необходимо также отметить тот факт, что большинство непрофессиональных пользователей не владеют достаточным уровнем английского языка. Но, так или иначе, им все равно приходится пользоваться новой английской терминологией, и зачастую происходит неправильное прочтение английского слова и возникающие таким образом слова порой прочно оседают в их словарных запасах. Так, например, от неправильного прочтения сообщения "NO CARRIER" в сленге появилось выражение: "НО КАРЬЕР", причем то и другое означает отсутствие соединения при связи по модему.

Chapter 14

Health and medical texts

All of us, at one time or another, have had a need to refer to texts that provide information about personal health and medicine. Some of us have particular interests in the field of medicine as health professionals or as patients. The following set of exercises has been selected with the broadest possible set of everyday contexts in mind. The source texts present medicine from a scientific point of view, but also provide examples of documentation that typically accompanies medications sold in pharmacies. These texts provide interesting cultural information, especially in terms of what is and what is not required in documentation for medications sold in the Russian Federation. The importance of Greek and Latin borrowings and calques is clear in the medical and biological sciences, and their continued importance in twenty-first-century CSR is evidenced in these documents.

Practical 14.1

The following passage is from Aleksandr Luria's famous work with Zasetsky. The ST is from Luria's book, Потерянный и возвращенный мир (written 1972 and republished in Романтические эссе (Moscow: Pedagogika-press, 1996), 95–234). The TT is from a translation of this work from the Russian by Lynn Solotaroff, *The Man with a Shattered World* (New York: Basic Books, Inc., Publishers, 1972).

   This passage is from Zasetsky's medical records and is listed as case history no. 3712. Luria worked with Zasetsky for almost three decades, and it is precisely these types of longitudinal histories that make a valuable contribution to the cognitive and neurosciences.

1.   Read the ST carefully. Initiate preparation for producing an English TT by (a) noting all passages that present grammatical difficulties for translation; (b) writing out all of the participial and verbal adverb constructions; (c) identify any discourse markers in the passage; (d) identify all terminology associated with Zasetsky's neurological trauma.
2.   Compare all of the preliminary findings from the first part of the practical with the TT.

3. Identify any major differences in the content of the ST and TT.
4. Edit the existing TT in order to create your own TT.
5. Produce a new TT based on the following commission. You have been asked to translate Luria's text for a group of psychology students studying brain trauma.

ST

Александр Лурия, «Потерянный и возвращённый мир»

Выписка из истории болезни № 3712

«Младший лейтенант Засецкий, 23 лет, получил 2 марта 1943 года пулевое проникающее ранение черепа. Пуля вошла в левую теменную затылочную область, прошла через всю массу мозга и остановилась в веществе мозга правой теменно-затылочной области. Ранение сопровождалось длительной потерей сознания и, несмотря на своевременную обработку раны в условиях полевого госпиталя, осложнилось воспалительным процессом, вызвавшим слипчивый процесс в оболочках мозга и выраженные изменения в окружающих тканях мозгового вещества . . . Начавшийся процесс рубцевания вызвал изменения конфигурации боковых желудочков мозга с подтягиванием левого бокового желудочка и поверхности мозга и начинающимся процессом атрофии мозгового вещества этой области . . . Пуля в теменно-затылочной области правого полушария осталась неудаленной».

Страшное заключение.

Пуля прошла через весь мозг и застряла в его задних , теменно-затылочных отделах.

Ранение осложнилось воспалительным процессом, он не распространенный, местный, ограничен лишь областями мозга, примыкающими к непосредственному месту ранения, но теменно-затылочные отделы левого полушария, отделы, так тесно связанные с анализом пространственного мира, необратимо повреждены, и уже начинается процесс образования рубцов, который неизбежно повлечет за собою частичную атрофию расположенных вблизи ранения участков мозгового вещества.

Пуля осталась неизвлеченной – ну и что же? Она постепенно покроется защитной капсулой соединительной ткани и не будет мешать, значительно опаснее делать попытки извлечь ее и повредить кору правого полушария, пусть она остается.

Но рубцы в левом полушарии мозга? . . . Но атрофический процесс, который будет все дальше и дальше развиваться и который нельзя предотвратить?. .

Страшная судьба постепенной атрофии этой части мозга, которую нельзя удержать . . .

И через десять лет после ранения – еще одна выписка из истории болезни, на этот раз сделанная на основе рентгенограммы.

В спинномозговой канал введен воздух. Он поднялся вверх, заполнил контуры желудочков мозга и те пустоты, которые образовались в результате сморщивания вещества отделов мозга, непосредственно примыкающих к месту ранения. «Процесс рубцевания вызвал атрофические изменения в левом боковом желудочке. Стенки его подтянуты к поверхности мозга, подоболочечные пространства резко расширены. Значительный местный атрофический процесс.»

Ранение вызвало местную атрофию мозгового вещества левой темеhно-затылочной области.

TT

Excerpt from Case History No. 3712

Sublieutenant Zasetsky, aged twenty-three, suffered a head injury 2 March 1943 that penetrated the left parieto-occipital area of the cranium. The injury was followed by a prolonged coma and, despite prompt treatment in a field hospital, was further complicated by inflammation that resulted in adhesions of the brain to the meninges and marked changes in the adjacent tissues. The formation of scar tissue altered the configurations of the lateral ventricles by pulling the left lateral ventricle upward and producing an incipient atrophy of the medulla of this area.

Some alarming conclusions follow from these data. The bullet had lodged in the posterior parieto-occipital regions of the brain and destroyed the tissue in this area, an injury further complicated by inflammation. Though a local rather than an extensive wound, limited only to areas of the brain adjacent to the site of injury, it had done irreversible damage to the parieto-occipital regions of the left hemisphere, and the formation of scar tissue inevitably produced a partial atrophy of the medulla which in time was bound to become more extensive.

A dreadful fate awaits someone who is suffering from progressive, irreversible atrophy of this part of the brain. In this case, what symptoms had it produced and still threatened to create? How does the particular kind of injury this man suffered account for the entire syndrome we have just described?

Practical 14.2

The following passage is also from Luria's work on Zasetsky (see start of Practical 14.1: 1996: 126–8), but this section is a more general description of how the regions of the brain work together in determining spatial relationships. The TT (trans. Solotaroff 1972: 30–1) is reorganized in relation to the ST – the chart of the regions of the brain is given much earlier than in the original ST and additional commentary is added to the charts in the TT.

ST

Александр Лурия, «Потерянный и возвращённый мир»

Естественно, что такое «симультанное», пространственное восприятие требует участия новых, еще более сложных отделов мозговой коры.

Такие отделы существуют. Они расположены на границе затылочной, теменной и височной области и составляют аппарат той «третичной» познавательной (теперь мы можем уже сказать – гностической) коры, в которой объединяется работа зрительных (затылочных), осязательно-двигательных (теменных) и слухо-вестибулярных (височных) отделов мозга. Эти отделы – самые сложные образования второго блока человеческого мозга. В истории эволюции они возникли позднее всего и мощно разрослись только у человека. Они еще совсем не готовы к действию у только что родившегося ребенка и созревают только к 4–7 годам. Они очень ранимы, и небольшие нарушения легко выводят их из строя. Они полностью состоят из сложнейших «ассоциативных» клеток, и   многие ученые называют их зонами перекрытия зрительных, осязательно-двигательных и слухо-вестибулярных отделов мозга (рис. 7).

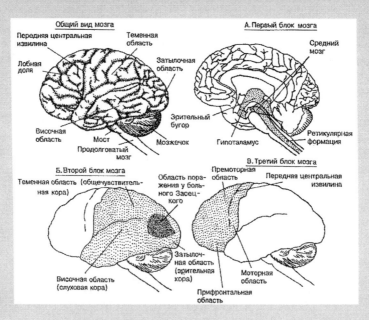

Рис. 14.1. Основные «блоки» человеческого мозга и локализация поражения у Засецкого

Именно эти «третичные» отделы коры и разрушила пуля у нашего героя.

Что меняется, когда части этого отдела коры разрушаются осколком или пулей, кровоизлиянием или опухолью?

Зрение человека может оставаться относительно сохранным, только если осколок прошел через волокна «зрительного сияния», разрушив часть из них, в зрении появляются пустоты, слепые пятна, выпадает целая часть (иногда половина) зрительного поля. человек продолжает воспринимать отдельные предметы (ведь «вторичные» отделы зрительной коры остались сохранными). Он может и воспринимать предметы на ощупь, слышать звуки, воспринимать речь . . .

TT

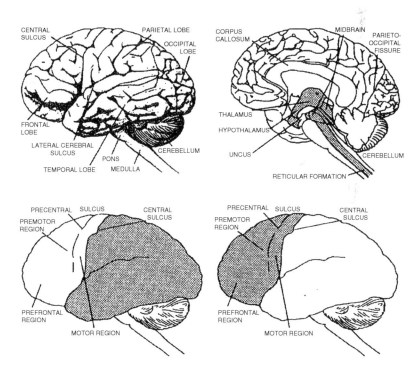

The regions of the brain. The gross anatomy of the human brain is depicted at upper left. The other drawings identify three major blocks of the brain involved in the organization of behavior. The first block (upper right) includes the brain stem and the old cortex. It regulates wakefulness and the response to stimuli. The second block (lower left) plays a key role in the analysis, coding and storage of information. The third block (lower right) is involved in the formation of intentions and programs.

(pp. 30–1)

Naturally, other, more complex sectors of the cerebral cortex affect our simultaneous grasp of spatial relationships. These sectors are adjacent to the occipital, parietal, and temporal areas and constitute one of the mechanisms of the "tertiary" cognitive part of the cortex (at this point it could be termed the "gnostic" part). The function of the latter is to combine the visual (occipital), tactile-motor (parietal), and auditory-vestibular (temporal) sections of the brain. These sections are the most complex formations in the second block of the human brain. In the process of evolution they were the last part of the brain to develop, and only in man did they acquire any vigor. They are not even fully developed in the human infant but mature gradually and become effective by ages four to seven. They are extremely vulnerable and even a slight impairment disrupts their function. Since they consist entirely of highly complex "associate" cells, many specialists term them "zones of convergence" for the visual, tactile-motor, and auditory-vestibular parts of the brain.

It was precisely these "tertiary" sectors of the cortex that the bullet fragment had destroyed in this patient's brain. Hence, we must consider what symptoms damage to parts of this sector of the cortex (either by shell or bullet fragments or by hemorrhaging and inflammation) can produce.

The person's visual capacity may remain relatively unimpaired. But if the bullet passes through the fibers of the "optic radiation" and destroys part of these, blind spots occur and an entire part (sometimes one-half) of the visual field disintegrates. A person will also continue to perceive discrete objects (since the "secondary" sectors of the visual cortex have remained intact), to have tactile and auditory sensations, and to discern speech sounds.

Practical 14.3

Medical insurance is a modern reality that becomes a legal obligation in the case of persons traveling to the United States and the Russian Federation. In both countries, the visa process requires proof of the existence of appropriate medical insurance in order for the visa to be issued. The following ST is made up of four different sections taken from a typical short-term health insurance policy for Russians traveling abroad. ST1 is the actual policy form; ST2 is a short statement written by the insurance company for physicians; ST3 is a list of commonly asked questions with answers; ST4 discusses what the insurance will cover in case of different types of bodily harm.

1.   A Russian visitor has come to your country, has fallen ill, and will require medical attention. Translate ST1 with the following goal in mind: You have been hired to explain to your health care professionals what the visitor's insurance will and will not cover.

2. Compare ST2 with its corresponding TT, as given in the policy. Find the discrepancies, correct the grammatical, lexical, and syntactic problems, and produce a new TT that minimizes differences between ST2 and the new target text.

3. You have to leave your Russian visitor alone with your non-Russian-speaking parents. Your parents would like you to translate the Q&A given in ST3 in case something happens in your absence. Pick the appropriate type of translation process for producing the TT (use the approaches given in Chapter 2 under "**TT preference**") and explain why you selected this particular form.

4. Your visitor has broken his wrist. The hospital does not understand how much of his care will be covered by his insurance. Translate the table headings and all entries associated with the hand and arm. The translator may have wondered if рука, which means "hand" and "arm", might cause problems for speakers. What does this example demonstrate with regard to the semantics of the lexeme рука?

ST 1

Ренессанс страхование

Договор страхования граждан во время деловых, частных и туристических поездок 002 № RG 089678

GVA (Global Voyager Assistance)

Действителен во всех странах мира и странах Шенгенского соглашения

Страхователь (Застрахованный):

Ф.И.
Адрес

Застрахованные:

Ф.И.   дата рождения
Ф.И.   дата рождения
___ Активный отдых (см. п. 3.4.3. Условий страхований путешествующих)

Страховые риски:

Риск	Программа страхования	Страховая сумма в у.е. на каждого застрахованного	Общая страховая премия в у.е. по риску

1. Медицинские и иные расходы _____
2. Несчастный случай _____
3. Гражданская ответственность _____
   Итого премия по договору _____

Территория: _____
Период страхования с _____ по _____
Кол-во дней страхования _____
Особые отметки _____

1 у.е. равна ____доллару США   ____ЕВРО

Условия страхования путешествующих мною получены, прочитаны и мне понятны. Я обязуюсь их исполнять. С факсимильной подписью Страховщика и печатью, выполненной типографским способом, согласен.

Подпись Страховщика   Подпись Страхователя
или его представителя

Дата заключения договора «___» _____ 200_____ г.

ST2

Убедительная просьба к врачу

Ваш пациент застрахован в нашей компании. При необходимости оплаты медицинской помощи, вызванной внезапным заболеванием или несчастным случаем, пожалуйста, свяжитесь с нами по телефону, указанному в договоре страхования или сервисной карте. К счету просьба приложить медицинскую карту или выписку из истории болезни.

TT

Kind request to the physician

Your patient is insured with our company. In case of any urgent medical help please call to the assistance company by phones given in the insurance policy or card. Please do provide your bill with the medical report about diagnosis and specification of the medical services.

ST3

Часто задаваемые вопросы

В. Если по какой-либо причине мне придется отложить поездку или отказаться от нее, вернет ли мне Ваша страховая компания деньги за страховку?

О. Если Вы вынуждены перенести запланированную поездку или отказаться от нее вообще, пожалуйста, сразу сообщите нам об этом. Мы поможем Вам переоформить страховые документы, а в случае отказа от поездки – вернем Вам деньги за страховку.

В. Какие документы всегда необходимо иметь при себе во время путешествия, чтобы получить помощь по страховке?

О. Находясь за рубежом, при себе необходимо иметь полис или сервисную карту.

В. Как будет организована для меня помощь за рубежом?

О. Позвоните в сервисную компанию. Все операторы пульта владеют русским языком. Они организуют для Вас:

визит врача;

амбулаторное или стационарное лечение;

оплату медицинских расходов;

транспортировку, эвакуацию и многое другое.

Телефоны наших сервисных компаний, указанные в Вашем договоре страхования и сервисной карте, доступны круглосуточно.

В. Является ли звонок в сервисную компанию бесплатным?

О. Мы гарантируем оплату одного телефонного звонка при наличии финансового документа, в котором указан номер вызываемого абонента (квитанция, фискальный чек, счет из отеля и т.д.)

ST4

Страховые выплаты по страховому случаю.
Телесные повреждения.
Застрахованного осуществляются в соответствии со следующей Таблицей:

№ пп.	Характер повреждения	Размер выплаты (в % от страховой суммы)
1	Перелом костей черепа	15
2	Ушиб головного мозга	10

3	Проникающее ранение глаза	5
4	Потеря зрения на один глаз	35
5	Потеря зрения на оба глаза	100
. . .		
14	Перелом крестца	5
15	Повреждение копчика	5
16	Перелом лопатки, ключицы	5
. . .		
18	Перелом плечевой кости	5
19	Потеря руки выше локтевого сустава	65
20	Потеря руки ниже локтевого сустава	60
21	Перелом костей локтевого сустава	10
22	Перелом костей предплечья на любом уровне	5
23	Перелом костей запястья, пястных костей одной кисти	5
24	Потеря большого пальца руки	10
25	Потеря указательного пальца руки	5
26	Потеря другого пальца руки	3
27	Перелом костей таза	15
28	Перелом бедра	10
. . .		

Practical 14.4

The following exercise includes examples of the instructions accompanying three different medications sold in the Russian Federation.

1. Before beginning the translation process, compare the ST for each medication to determine the general format of these types of instructions and the obligatory categories of description.
2. One of the medications, Zyrtec, is well-known across the globe. Compare the Russian ST with the English language ST version for this medication. Are there any fundamental differences in the information presented?
3. You have been commissioned to produce a general template in English that will cover the basic categories listed in the instructions for most medications. In order to generate the template, it is necessary to establish the basic categories that are present in each of the three sets of instructions. Create a TT template.
4. Based on the three examples given here, does the country of origin of the medication have any impact on the instructions?

5. How would you characterize the fundamental differences between the directions provided in medications sold in the Russian Federation and medications sold in your home country?

ST 1: ЗИРТЕК

Инструкция по медицинскому применению препарата

ИНСТРУКЦИЯ
по медицинскому применению препарата

ЗИРТЕК®
ZYRTEC®

Регистрационный номер:
Раствор-капли для приема внутрь - П № 011930/01-2000
Таблетки для приема внутрь - П № 014186/01-2002
Международное непатентованное название: цетиризин
Химическое название: [2-[4-[(4-Хлорфенил)фенилметил]-1-пиперазинил]этокси]уксусная кислота (в виде гидрохлорида)
Лекарственная форма: раствор-капли для приема внутрь; таблетки, покрытые оболочкой.

ОПИСАНИЕ
Таблетки: белые продолговатые таблетки, покрытые оболочкой. Каждая таблетка разделена риской и маркирована с одной стороны Y/Y. Таблетки фиксируются в блистере.
Раствор-капли: для приема внутрь - белый прозрачный раствор во флаконе темного стекла, снабженный капельницей. Флакон содержит 10 мл раствора, 1 мл (20 капель) содержат 10 мг активного вещества цетиризина.

СОСТАВ
Раствор-капли: цетиризина дигидрохлорид 10 мг/мл - активный ингредиент, глицерин, пропилен гликоль, сахаринат натрия, метилпарабен, ацетат натрия, уксусная кислота, вода.
Таблетки: цетиризина дигидрохлорид 10 мг - активный ингредиент; вспомогательные вещества: целлюлоза микрокристалическая, лактоза, коллоидный ангидрид кремния, магния стеарат, гидроксипропилметилцеллюлоза, титана диоксид, полиэтиленгликоль-400.

ФАРМАКОТЕРАПЕВТИЧЕСКАЯ ГРУППА
Н1-гистаминовых рецепторов блокатор. Код АТС R06AE07.

ФАРМАКОЛОГИЧЕСКИЕ СВОЙСТВА

Активное вещество препарата - цетиризин, относится к группе конкурентных антагонистов гистамина, блокирует Н1-гистаминовые рецепторы. Цетиризин оказывает влияние на гистаминозависимую стадию аллергических реакций, а также уменьшает миграцию эозинофилов, ограничивает высвобождение медиаторов воспаления на клеточной стадии аллергической реакции. Предупреждает развитие и облегчает течение аллергических реакций, обладает противоэкссудативным, противозудным действием, практически не оказывает антихолинергического и антисеротонинового действия. В терапевтических дозах практически не оказывает седативного эффекта.

Фармакокинетика. Быстро всасывается при приеме внутрь. Действие препарата начинается через 20 мин после приема однократной дозы 10 мг у 50% больных, через 1 час - у 95% и сохраняется в течение 24 часов. Максимальная концентрация в сыворотке достигается через 1 час после перорального приема. В небольших количествах метаболируется в печени. В основном выводится в неизменном виде с мочой. Период полувыведения составляет 7-10 часов, у детей 6-12 лет - 6 часов.

ПОКАЗАНИЯ

Для взрослых и детей одного года и старше:

- для лечения симптомов сезонного и круглогодичного аллергического ринитов и аллергического конъюнктивита, таких как насморк, зуд, чихание, ринорея, слезотечение, гиперемия конъюнктивы;

- для лечения симптомов крапивницы в том числе хронической идиопатичекой крапивницы и отека Квинке; и других аллергических дерматозов, сопровождающихся зудом и высыпаниями.

ПРОТИВОПОКАЗАНИЯ

Повышенная чувствительность к любому из компонентов препарата или к гидроксизину.

БЕРЕМЕННОСТЬ И ЛАКТАЦИЯ

Не рекомендуется применение ЗИРТЕКА при беременности. Так как ЗИРТЕК проникает в грудное молоко, он не назначается кормящим женщинам.

СПОСОБ ПРИМЕНЕНИЯ

131626/3

Применяется внутрь.
Дети от 1-го до 2-х лет: 2,5 мг (5 капель) дважды в день.
Дети от 2-х лет до 6-ти лет: 2,5 мг (5 капель) дважды в день или 5 мг (10 капель) один раз в день.
Взрослые и дети старше 6 лет: суточная доза - 10 мг (одна таблетка или 20 капель).
Взрослым - 10 мг один раз в день; детям по 5 мг два раза в день или 10 мг однократно.
Можно начинать с дозы 5 мг один раз в день, если это дает удовлетворительный результат.
Пожилым больным (при условии нормальной функции почек) снижать дозу не надо. Больным с умеренным или тяжелым нарушением функции почек рекомендуется дозу снижать в два раза.

ПОБОЧНОЕ ДЕЙСТВИЕ

Сонливость, головная боль, сухость во рту; редко - головокружение, мигрень, дискомфорт в желудочнокишечном тракте, аллергические реакции.

ПЕРЕДОЗИРОВКА

Прием препарата однократно в дозе свыше 50 мг может сопровождаться признаками интоксикации в виде сонливости, у детей передозировка препаратом может сопровождаться беспокойством и повышенной раздражительностью, возможно появление признаков антихолинергического действия в виде задержки мочи, сухости во рту, запора. При появлении симптомов передозировки (особенно у детей) прием препарата следует прекратить, необходимо очистить желудок, принять активированный уголь, немедленно обратиться к врачу.

ВЗАИМОДЕЙСТВИЕ С ДРУГИМИ ЛЕКАРСТВЕННЫМИ СРЕДСТВАМИ

Не отмечено.
При использовании в терапевтических дозах не получено данных о взаимодействии с алкоголем. Тем не менее лучше

воздержаться от употребления алкоголя во время лечения цетиризином.

ОСОБЫЕ УКАЗАНИЯ

При объективной количественной оценке способности к вождению автомобиля и работе с механизмами достоверно не выявлено каких-либо нежелательных явлений при назначении рекомендуемой дозы 10 мг, тем не менее рекомендуется соблюдать осторожность.

ФОРМА ВЫПУСКА

Таблетки покрытые оболочкой: 7 таблеток в упаковке.
Раствор-капли для приема внутрь: флаконы по 10 мл.

УСЛОВИЯ ХРАНЕНИЯ

Хранить в сухом месте при температуре не выше 25°C (таблетки); капли при комнатной температуре (15-25°C).
Не следует принимать препарат после истечения срока годности.
Хранить в недоступном для детей месте.
При обращении к изготовителю просим указать номер серии.

СРОК ГОДНОСТИ

Таблетки - 5 лет; раствор-капли для приема внутрь - 5 лет.

УСЛОВИЯ ОТПУСКА ИЗ АПТЕКИ: Без рецепта

АДРЕС ИЗГОТОВИТЕЛЯ:
1.ЮСБ Фарма сектор (капли)
Шеми дю Форе
Брейн-л'аллю
B-1420 Бельгия
2. ЮСБ Фаршим С.А. (таблетки)
Де Планши
Шеми де ла Круа Бланш 10
CH-1630 Буль, Швейцария

Представительство в Москве:
117312, г.Москва, ул.Губкина
14 - 44
Тел. (095) 129-23-50

I 31626/3
F30-0119-44-B

TTI: ZYRTEC®

Active ingredient (in each tablet)	Purpose
Cetinzine HCI 10 mg	Antihistamine

Uses temporarily relieves these symptoms due to hay fever or other upper respiratory allergies: runny nose, sneezing, itchy, watery eyes, itching of the nose or throat.

Warnings **Do not use** if you have ever had an allergic reaction to this product or any of its ingredients or to an antihistamine containing hydroxyzine.

Ask a doctor before use if you have liver or kidney disease. Your doctor should determine if you need a different dose.

As a doctor or pharmacist before use if you are taking tranquilizers or sedatives.

When using this product drowsiness may occur; avoid alcoholic drinks; alcohol, sedatives and tranquilizers may increase drowsiness; be careful when driving a motor vehicle or operating machinery.

Stop use and ask a doctor if an allergic reaction to this product occurs. Seek medical help right away.

If pregnant or breast-feeding: If breast-feeding: not recommended; if pregnant, ask a health professional before use.

Keep out of reach of children. In case of overdose, get medical help or contact a Poison Control Center right away.

Directions **Adults and children 6 years and over:** One 10 mg tablet once daily; do not take more than one 10 mg tablet in 24 hours. A 5 mg product may be appropriate for less severe symptoms.

Adults 65 years and over: ask a doctor.

Children under 6 years of age: ask a doctor.

Consumers with liver or kidney disease: ask a doctor.

Other information store between 20 to 25C (68 to 77 F).

Inactive ingredients colloidal silicon dioxide, croscamellose sodium, hypromellose, lactose monohydrate, magnesium stearate, microcrystalline cellulose, polyethylene glycol, titanium dioxide.

Questions? Call 1-800-343-7895

Dist. By MCNEIL-PPC, INC., FORT WASHINGTON, PA 19034 USA

© MCN-PPC, INC. 2007 Made in USA www.zyrtec.com 26659

Do not use if imprinted foil inner seal on bottle is broken or missing.

Chapter 15

Revising and editing TTs

Throughout the preceding chapters, we have considered the central issues related to the translation process, including approaches from the field of Translation Studies to both the process and the products of translation. We have also noted that there is never the perfect TT in terms of equivalence to the ST; rather, our goal has been to minimize differences between the ST and TT across a variety of text genres, users, and goals. Our communication act models (CAM and CAM$_2$) were presented to facilitate application of the valuable lessons learned from the study of translation. In this chapter, we will look more closely at the processes of revising and editing of target texts, where *revision* is the process of returning to the TT and making changes based on a re-evaluation of the relationship between the ST and TT based on any of the six factors of CAM, and *editing* is the final stage of production of the TT. Revision and editing are overlapping activities in most cases. In previous chapters, we have included exercises that involve a critique of TTs, including possible revisions. In this chapter, we will look exclusively at revision and editing. The application of CAM and CAM$_2$ will help in the process.

In order to begin the revision process, let us recall some of the questions that we have to ask about the text. All STs and TTs are conglomerates of *dynamic speech acts*, which reorganize themselves whenever users engage with them. CAM reminds us that these dynamic speech acts are played out vis-à-vis a series of factors: *author, audience, code, message, context, and channel* (**AACMCC**). CAM$_2$ takes the next step and requires at least a doubling of these six factors. Thus, the translator is always dealing with a reshaping of each of these factors in creating a new TT that must be in some type of relationship with its original ST, ranging on a continuum from a strong ST bias resulting in literal, interlinear translations, moving through faithful, balanced, and idiomizing translations as intermediate types, and ending with a strong TT bias, free translation (cf. Chapter 2).

Some of the questions that arise in revisiting the ST/TT relationship include (but are not restricted to):

(1) **Channel**: (a) written or oral; (b) medium of exchange; (c) genre or genre-hybrid.
(2) **Message**: (a) content as information; (b) content as aesthetic.

(3) **Code**: (a) grammatical issues; (b) lexical issues; (c) stylistic issues; (d) syntactic issues; (e) pragmatic and discourse issues.

(4) **Context**: (a) cultural information implicit in the text that requires elucidation; (b) extra-linguistic cultural context in which the text was created and exists.

(5) **Audience**: (a) target audiences of ST and TT; (b) range of ST and TT audiences.

(6) **Author**: (a) authors of ST and TT; (b) goals and purposes of ST and TT.

The goal of the production of the TT necessarily requires a re-evaluation of which factors are ***dominant*** in the process of producing the TT. (Note that the purpose of TT production may involve more than one goal.)

In the following sets of text, we will evaluate the TTs based on the criteria given above, and produce a set of revisions for each TT that addresses each of these factors.

Practical 15.1

The following text is taken from Varlam Tixonovič Shalamov and his set of short stories, Колымские рассказы, vol. 1 (Moscow: Sovetskaja Rossija, 1992), 63–6, based on his experiences in a Soviet prison camp in Kolyma. The first excerpt is from the short story, Сгущённое молоко (Condensed milk).

ST

От голода наша зависть была тупа и бессильна, как каждое из наших чувств. У нас не было силы на чувства, на то, чтобы искать работу полегче, чтобы ходить, спрашивать, просить . . . Мы завидовали только знакомым, тем, вместе с которыми мы явились в этот мир, тем, кому удалось попасть на работу в контору, в больницу, в конюшню – там не было многочасового тяжелого физического труда, прославленного на фронтонах всех ворот как дело доблести и геройства. Словом, мы завидовали только Шестакову.

Только что-либо внешнее могло вывести нас из безразличия, отвести от медленно приближающейся смерти. Внешняя, а не внутренняя сила. Внутри все было выжжено, опустошено, нам было все равно, и дальше завтрашнего дня мы не строили планов.

Вот и сейчас – хотелось уйти в барак, лечь на нары, а я всё стоял у дверей продуктового магазина. В этом магазине могли покупать только осужденные по бытовым статьям, а также причисленные к «друзьям народа» воры-рецидивисты. Нам там было нечего делать, но нельзя было отвести глаз от хлебных буханок шоколадного цвета; сладкий и тяжелый запах свежего хлеба щекотал ноздри – даже голова кружилась от этого запаха. И я стоял и не знал, когда я найду в себе силы уйти в барак, и смотрел на хлеб. И тут меня окликнул Шестаков.

Шестакова я знал по Большой земле, по Бутырской тюрьме: сидел с ним в одной камере. На прииске Шестаков не работал в забое. Он был инженер-геолог, и его взяли на работу в геологоразведку, в контору, стало быть. Счастливец едва здоровался со своими московскими знакомыми. Мы не обижались – мало ли что ему могли на сей счет приказать. Своя рубашка и т.д.

TT

Envy, like all our feelings, had been dulled and weakened by hunger. We lacked the strength to experience emotions, to seek easier work, to walk, to ask, to beg . . . We envied only our acquaintances, the ones who had been lucky enough to get office work, a job in the hospital or the stables – wherever there was none of the long physical labor glorified as heroic and noble in signs above all the camp gates. In a word, we envied only Shestakov.

External circumstances alone were capable of jolting us out of apathy and distracting us from slowly approaching death. It had to be an external and not an internal force. Inside there was only an empty scorched sensation, and we were indifferent to everything, making plans no further than the next day.

Even now I wanted to go back to the barracks and lie down on the bunk, but instead I was standing at the doors of the commissary. Purchases could be made only by petty criminals and thieves who were repeated offenders. The latter were classified as 'friends of the people'. There was no reason for us politicals to be there, but we couldn't take our eyes off the loaves of bread that were brown as chocolate. Our heads swam from the sweet heavy aroma of fresh bread that tickled the nostrils. I stood there, not knowing when I would find the strength within myself to return to the barracks. I was staring at the bread when Shestakov called to me.

I'd known Shestakov on the 'mainland', in Butyr Prison where we were cellmates. We weren't friends, just acquaintances. Shestakov didn't work in the mine. He was an engineer-geologist, and he was taken into the prospecting group – in the office. The lucky man barely said hallo to his Moscow acquaintances. We weren't offended. Everyone looked out for himself here.

Before initiating the revising process, it is important to be certain that the translator has a full grasp of all of the central issues presented in the text itself. While this is a work of literature, it is very heavily based on the writer's personal experiences in a Soviet labor camp, which gives us a hybrid text – short story with elements of a diary narrative. In its original ST form, the author was working in a period of significant censorship, and it was not clear that manuscripts of this type would ever see the light of day. In Russian, one talks of writers "writing for the desk drawer" (писать в стол). In the following section, we will devote most of our remarks to contextual and code-based issues of the ST, and then focus on their realizations in the TT. Please note that this discussion is incomplete and only touches on some of the aspects of what one would need for a full revision of the TT.

Commentary on the ST

One of the most important structural components of any text is the frame in which it occurs. This frame includes not only the title, but the initial phrases that begin the narrative, internal sections within the narrative, and the concluding phrases. In Shalamov's story, the title speaks volumes to the Russian reader. Сгущенное молоко (condensed milk, also called сгущёнка) is a food that is often eaten. It has strong associations with childhood, sweetness, and the general joy of eating out of the can with a spoon. Many contemporary English speakers may have very little knowledge of condensed milk, and perhaps have never even tasted it. Russian сгущёнка plays a very different role in Russian food culture. Shalamov's title is not only about сгущёнка itself, but it is one of the central metaphors of the entire text. The narrator is hungry, most certainly underfed and malnourished, and possibly on the verge of starvation. He begins his story with the words от голода (from hunger). This is extremely important to framing the narrative and, as we will see below, the TT disrupts this crucial connection between the title and the story itself. (Later in the story, Shalamov makes a comparison between the stars in the heavens and the sugar stars that form on the rim of the condensed milk can.)

The first paragraph ends with a shift from the physical to the spiritual, romantic, and high-minded values of valor and heroism, and directly back to envy – the only dull emotion left in the starving prisoners. The second paragraph reinforces the emptiness, the wasteland of the soul (внутри все было выжжено, опустошено). The use of the short form participles, which include the meanings of "gutted, burned out, ravaged, spiritually bankrupt," emphasizes the result of life in the camps. The use of и in the final sentence adds emphasis to the inability to think about a real future tense.

The third paragraph will most probably require some kind of footnote or additional information referenced in the TT. The phrase «друзья народа» is an ironic play on the phrase «враг народа» – "enemy of the people." The political prisoners were considered to be the enemies of the people, so the non-politicals (here, common thieves, robbers, repeat offenders), who have access to the grocery store in the camp, must be "friends of the people." The TT does not reveal the importance of this phrase in the ST and should be explained by the translator.

Kolyma is one of the major labor camps of the Soviet period. It is located near the river of the same name in north-west Siberia. This information is important in order to understand Shalamov's use of the term Большая земля (mainland), which in this instance refers to Moscow. This term is generally used by someone on an island or some other small land mass cut off from the mainland. In this particular story, the term reflects the perspective of the prisoners in the Kolyma Labor Camp – they are cut off from the rest of the country and the world. (The land mass of Kolyma Labor Camp was over 2.2 million square kilometers by the 1940s, expanding to 3 million square kilometers by the 1950s.) Butyr Prison (known also as Бутырки or Бутырка) is one of the most famous political prisons in Moscow, and the site of hundreds of thousands of executions of prisoners during not only the Soviet period, but also during czarist times. (It was commissioned by Catherine II in 1784, becoming the central prison in Moscow by the 1860s.) Shalamov was imprisoned in multiple camps and prisons, including Butyr Prison, Kolyma Labor Camp and Vishera (the 4th division of the Solovki camps).

One of the forms of hard labor at Kolyma Prison was work in the mines. Gold was one of the minerals discovered in the Kolyma region in the early twentieth century. The ST uses two very different terms to refer to different aspects of mining: прииск (the general mining site) and забой (the end of the mining tunnel, which moves as the tunnel is extended). These miners are not simply working in already existing mines, but they are creating the mining tunnels as they work.

The passage ends with a set expression – one's own shirt is closer to the body – meaning, one must take care of and think of oneself. The final words are the abbreviation и т.д. (и так далее) – and so forth and so on.

Commentary on the TT

While the TT is a good translation, there are a series of changes that would make it stronger. (This is true of all translations – they can be revised and edited ad infinitum.) The first two sentences of the TT raise questions. In the first case, the TT begins with the word "envy," which is not the first word of the ST. Changes in word order and syntax are inevitable in translations involving Russian and English, but this particular change has an impact on the entire story and its relationship to the title, Сгущенное молоко. If "hunger" becomes the first word of the story, then the TT must change the original ST grammar more dramatically than if "envy" is the first term. However, the construction от голода is more causal and forceful than the "by" construction in English, and this type of change is justifiable.

Compare the following possible choices:

Hunger had dulled and weakened our envy, as it had all of our other emotions.

It was hunger that had made our envy dull and powerless, just as it had all of our other emotions.

Envy, like all of our emotions, had been dulled and weakened by hunger.

[TT:] Envy, like all our feelings, had been dulled and weakened by hunger.

There are, of course, many other possible combinations than the ones given above.

The TT uses two words for one term given in the ST: feelings, emotions for чувства. This has stylistic merit for the TT, and is thus justifiable. Using only one of the terms would also be permissible, but then you have more repetition. Both solutions are good ones.

The second paragraph of the ST begins with a modal past tense verb and two perfective infinitives. The TT uses gerunds to render the two perfective infinitives ("were capable of jolting us out of apathy and distracting us from slowly approaching death"), but could also have used one of the following constructions:

> Only something external could draw us out of our apathy and put off a slowly approaching death.
>
> Only something external was able to draw us out of our apathy and put off a slowly approaching death.

The TT gives "external circumstances alone" for только что-либо внешнее. This is a very good rendering that captures the essence of только. However, the use of the gerunds and the specific roots selected are more distant from the ST than the sample translations offered above. Furthermore, if the translator is interested in attempting to capture the force of the perfective infinitive, then the gerund is probably not the best alternative.

The last sentence of the second paragraph of the TT is much weaker than the ST. The past passive short form participles have been translated as adjectives:

> ST: . . . всё было выжжено, опустошёно, . . .
> TT: . . . there was only an empty scorched sensation, . . .

In our discussion of the ST, we suggested some other alternatives for the participial forms, including "gutted, burned out, ravaged, spiritually bankrupt." The terms "burned out, ravaged" are closer to выжжено, while "gutted, spiritually bankrupt" are closer to опустошёно. The literal meanings of the roots of these verbs are the following:

жечь	burn (transitive only – vs intransitive гореть)
опустошать	empty out, lay waste, devastate (пустой – empty)

The final part of the last sentence of the second paragraph is reorganized in the TT such that the final phrase, which is an independent clause in the ST, becomes subordinate. The emphatic marker, и, has been moved in the ST to the preceding clause and used only as a conjunction.

The third paragraph of the TT has several issues that could be addressed. The phrase "repeated offenders" should be "repeat offenders." The phrase "lie down on the bunk" seems to be a bit awkward in the TT, in particular the use of the definite article. Russian does not have articles, definite or otherwise, so this creates opportunities for the translator in producing the TT. The use of the personal pronoun would be another solution ("my bunk"). However, the term нары deserves some attention. This lexeme is always plural in CSR, and refers to a hard, wooden bed that is typical of barracks, prison cells, and temporary housing structures. The English word "bunk" loses many aspects of the meaning of нары, especially its association with prison and labor camps.

The most significant problem in the third paragraph is the misleading addition of the first person plural pronouns in the following sentences:

> . . . but *we* couldn't take our eyes off the loaves of bread that were brown as chocolate. *Our* heads swam from the sweet heavy aroma of fresh bread that tickled our nostrils.

The ST uses an impersonal construction in the first case (нельзя было отвести глаз) and the noun "head" with no pronominal modifier in the second (голова кружилась от запаха). The following suggestions for the TT preserve the impersonal nature of the first sentence and reinstate the original subjects in the second example. Since it is impossible to use the word "head" in English in these instances without some kind of modifier, there are several available variants: our, your, one's. Think carefully about how the use of the first vs second person changes the overall meaning of the paragraph.

> . . . it was impossible to take your eyes off the loaves of bread . . .
> . . . the sweet and heavy aroma of fresh bread tickled the nostrils – even your head would spin from the smell.

The final paragraph of the TT leaves out an entire sentence from the ST (– мало ли что ему могли на сей счет приказать). There is no good reason to leave this out of the TT. Some possible variants could be (including mixing and matching the first and second parts of the phrase):

> You never know what he might have been ordered to do on that score.
>
> God (only) knows what his orders might have been about that.
>
> Heaven only knows what orders he might have received about talking to us.

The phrases "God (only) knows" or "heaven only knows" do a better job of conveying the emotional import of the original ST in this instance.

Also missing from the TT ("Everyone looked out for himself here") is a reference to the final abbreviation following the set expression: Своя рубашка и т.д. A literal translation of this concluding abbreviation would not be very useful, but there are other possibilities, including:

> Well – you get the picture.
>
> Well – you get the general idea.

Practical 15.2

The following articles are from the Family Legal Code of the Russian Federation (Семейный кодекс РФ, редакция от 28 декабря 2004 г., раздел 6: Формы воспитания детей, оставшихся без попечения родителей, статьи 126, 128, 135). The English TT is from: William E. Butler (ed. and trans.), ***Russia and the Republics Legal Materials***, vol. 2 (Huntington, NY: Juris Publishing, Inc., 2007), 53.

ST

Семейный кодекс РФ

Статья 126.1. Недопустимость посреднической деятельности по усыновлению детей.

(введена Федеральным законом от 27.06.1998 № 94-ФЗ)

1. Посредническая деятельность по усыновлению детей, то есть любая деятельность других лиц в целях подбора и передачи детей на усыновление от имени и в интересах лиц, желающих усыновить детей, не допускается.

2. Не является посреднической деятельностью по усыновлению детей деятельность органов опеки и попечительства и органов исполнительной власти по выполнению возложенных на них обязанностей по выявлению и устройству детей, оставшихся без попечения родителей, а также деятельность специально уполномоченных иностранными государствами органов или организаций по усыновлению детей, которая осуществляется на территории Российской Федерации в силу международного договора Российской Федерации или на основе принципа взаимности. Органы и организации, указанные в настоящем пункте, не могут преследовать в своей деятельности коммерческие цели.

Порядок деятельности органов и организаций иностранных государств по усыновлению детей на территории Российской Федерации и порядок контроля за её осуществлением устанавливаются Правительством Российской Федерации по представлению Министерства юстиции Российской Федерации и Министерства иностранных дел Российской Федерации.

3. Обязательное личное участие лиц (лица), желающих усыновить ребенка, в процессе усыновления не лишает их права иметь одновременно своего представителя, права и обязанности которого установлены гражданским и гражданским процессуальным законодательством, а также пользоваться в необходимых случаях услугами переводчика.

4. Ответственность за осуществление посреднической деятельности по усыновлению детей устанавливается законодательством Российской Федерации.

Статья 128. Разница в возрасте между усыновителем и усыновляемым ребенком.

1. Разница в возрасте между усыновителем, не состоящем в браке, и усыновляемым ребенком должна быть не менее шестнадцати лет. По причинам, признанным судом уважительными, разница в возрасте может быть сокращена.

2. При усыновлении ребенка отчимом (мачехой) наличие разницы в возрасте, установленной пунктом 1 настоящей статьи, не требуется.

Статья 135. Изменение даты и места рождения усыновляемого ребенка.

1. Для обеспечения тайны усыновления по просьбе усыновителя могут быть изменены дата рождения усыновленного ребенка, но не более чем на три месяца, а также место его рождения.

    Изменение даты рождения усыновленного ребенка допускается только при усыновлении ребенка в возрасте до года. По причинам, признанным судом уважительными, изменение даты рождения усыновленного ребенка может быть разрешено при усыновлении ребенка, достигшего возраста одного года и старше.

    (в ред. Федерального закона от 28.12.2004 №185-ФЗ)

2. Об изменениях даты и (или) места рождения усыновленного ребенка указывается в решении суда о его усыновлении.

TT

Article 126 ^{1}. Inadmissibility of Intermediary Activity with Regard to Adoption of Children

1. Intermediary activity with regard to the adoption of children, that is, any activity of other persons for the purpose of selecting and transferring children for adoption in the name of and in the interests of persons wishing to adopt children, shall not be permitted [added 27 June 1998].

2. The activity of trusteeship and guardianship agencies and agencies of executive power relating to the fulfillment of duties placed on them with regard to the eliciting and arrangement of children left without the care of parents, and also the activity of agencies or organizations specially empowered by foreign States or organizations for the adoption of children, which is effectuated on the territory of the Russian Federation by virtue of an international treaty of the Russian Federation or on the basis of the principle of reciprocity shall not be permitted. The agencies and organizations specified in the present point may not pursue commercial purposes in their activity.

    The procedure for the activity of agencies and organizations of foreign States with regard to the adoption of children on the territory of the Russian Federation and the procedure for control over the effectuation thereof shall be established by the Government of the Russian Federation upon the recommendation of the Ministry of Justice of the Russian Federation and the Ministry of Foreign Affairs of the Russian Federation [added 27 June 1998].

3. The obligatory personal participation of a person(s) wishing to adopt a child in the process of adoption shall not deprive them of the right to have simultaneously their representative, whose rights and duties have been established by civil and civil procedure legislation, and also to use the services, when necessary, of an interpreter [added 27 June 1998].

4. Responsibility for the effectuation of intermediary activity with regard to the adoption of children shall be established by legislation of the Russian Federation [added 27 June 1998].

Article 128. Difference in Age Between Adoptive Parent and Adopted Child

1. The difference in age between an adoptive parent who is not married and the child to be adopted must be not less than sixteen years. For reasons deemed by a court to be justifiable the difference in age may be reduced.

2. In the event of the adoption of a child by a stepfather (or stepmother) the difference in age established by point 1 of the present Article shall not be required.

> **Article 135. Change of Date and Place of Birth of Adopted Child**
>
> 1. In order to ensure the secrecy of adoption the date of birth of the adopted child may be changed at the request of the adoptive parent, but by not more than three months, and also the place of its birth.
>   The change of the date of the birth of an adopted child shall be permitted only in the event of the adoption of a child of up to a year in age. For reasons deemed by a court to be justifiable, a change of the date of birth of an adopted child may be authorized in the event of the adoption of a child who has reached one year of age or older [as amended 28 December 2004].
> 2. The changes of the date and/or place of birth of an adopted child shall be specified in the decision of the court concerning its adoption.

Commentary on ST

When working with legal texts, we have seen that the syntactic structures are often more convoluted. However, given the formulaic nature of the Russian legal codes, once the translator has become experienced in working with these types of texts, the types of issues involved in revision and editing turn out to be more straight-forward than with many of the other text genres, hybrid or not.

Some of the formal traits of the Russian Federation Legal Codes include a substantial number of nominal forms with the suffixes -ость and -ие. Reflexive verbs with the bound particle -ся are also quite frequent in these documents, as well as very long sentences with multiple subordinate clauses and abundant participles. Finally, these documents are a wonderful source for prepositional constructions that are also indicative of scientific and scholarly Russian texts (e.g. в соответствии, в целях, по соглашению и т.д.). As we pointed out in Chapter 10, the major obstacle to the translator will be how to navigate between common law and civil law systems.

These three codes are all devoted to the question of adoption. It is interesting that in Russian there are potentially two terms for the process, усыновление and удочерение. The masculine-based form (from the root "son") is used for children of both genders. In addition to the term for "adoption", there are other derivatives (усыновлять, усыновить, удочерять, удочерить, усыновитель). These terms are in keeping with the general semantics of the prefix У- (см. уговорить, угомонить, убедить и т.д.).

Commentary on TT

In Article 126.1, the second sub-point begins with a negated reflexive verb. The key to a valid translation of this point is identifying immediately the subject of the negated verb (деятельность органов опёки и попечительства и органов исполнительной власти по выполнению возложенных на них обязанностей по выявлению и устройству детей, оставшихся без попечения родителей, а также деятельность специально уполномоченных иностранными государствами органов или организаций по усыновлению детей, которая осуществляется на территории РФ в силу международного договора РФ или на основе принципа взаимности). This may be one of the longest subject clauses a translator will ever see. In any case, it was enough to confound the translators of the TT given here. A grave mistake has been made – the subject stated above was confounded with the verbal predicate and the meaning of the point has been reversed in the TT. Such a mistake could lead to serious consequences for foreign citizens seeking to adopt a Russian child.

An appropriate strategy to deal with such long sentences is to break them down into smaller entities. In the case of point 2 of Article 126.1, a reasonable approach may entail a reorganization of the entire paragraph, and instead of separate sentences, the addition of a listing:

> The following government bodies, organizations and agencies are NOT considered to fall under "intermediary activities of child adoption" as stated under point one:
>
> Agencies of Trusteeship and Guardianship
> Executive Government Bodies Designated for Discovering and Finding Homes For children without parental care
> Special Foreign Government Bodies and Agencies involved in adoption in which they are empowered by international agreement or reciprocity agreements to conduct these services in the Russian Federation.
>
> All agencies and organizations given under point two may not be involved in these activities for profit.

There are several acceptable ways to translate the Russian terms орган and организация, including "body, agency, organ, organization." The most important distinction is that in legal documents, орган usually refers to an official government agency or body.

Another interesting reversal in this TT is found in the order of the words "trusteeship and guardianship." The ST gives them in opposite order. Here, however, the ordering of the two terms does not do violence to the content and goals of the ST, and would be permissible. And yet, there is no need to create more differences between the ST and TT than necessary. Remember: one of our overriding goals is to *minimize difference*.

In the third point of Article 126.1, the TT gives a literal translation of the term одновременно ("simultaneously"). The word "also" would do the job and, possibly, be clearer than the literal term.

There are two terms in these articles that allows for alternative stress in pronunciation: одновре́ме́нно and обеспе́че́ние. In some cases, the alternates coexist across Russian territories; there are individual instances where the alternates are associated with Moscow or St Petersburg. Special dictionaries (Орфоэпический словарь русского языка) exist to help solve some of the controversies. These dictionaries do not always agree with each other. Some give only one variant, others give both.

The other issues of interest in these excerpts are found with the usage of articles and possessive pronouns. Specifically, Article 128, point 1 states in the TT: "For reasons deemed by a court . . ." The ST does not have any articles, but the meaning of the ST would indicate the usage of the definite, not indefinite article, to be preferable: "For reasons deemed by the court . . . This is not a deal-breaker in this example, but there could be contexts where the selection of the article could be decisive.

The final example is from Article 135, point 1:

> . . . а также место его рождения.
> . . . and also the place of its birth.

There are different possible words for child, but this particular article uses the word ребёнок. Thus, the antecedent requires the third person singular masculine form in the ST. In the TT, there are several alternatives, including the masculine singular (his) or a series of hybrids: his or her, his/her, her or his. Any of these seem preferable to "its" given the focus on the child as a person with rights, regardless of the status of their biological parents.

In all of these instances, it is essential for the translator to be consistent throughout the TT, and even in technical documents, the translator should feel free to add footnotes or other additional citations to elucidate important points from the ST for the reader.

Notes

1 Preliminaries to translation as a process

1   Jakobson relates the six factors of the speech act to six functions of any communicative act in the following fashion: addresser – *emotive* function (focus on speaker/source intention and goals); addressee – *conative* function (focus on addressee action as a result of the communication act); context – *referential* function (focus on the extralinguistic context); code – *metalingual* function (focus on the code to refer to code); contact – *phatic* function (focus on the functioning channel of communication); message – *poetic* function (focus on the aesthetic aspects of the message) (1960/1987: 62–94). Jakobson insists that there can be no equally powerful model of communication that requires fewer than these six factors and functions.
    This model helps the translator to focus on the set of variables that will define the different factors that impact the meaning of any communicative act and make explicit during the translation process itself the sometimes conflicting properties of the text.

2   Jakobson states the following point both in this article and in his work entitled "Language and Culture:" "Languages differ essentially in what they *must* convey and not in what they *can* convey" (1960/1987: 264). The notion of the Peircean sign is interwoven throughout the fabric of this article, because the Peircean definition of a sign is fundamentally about the inevitability of translation at multiple levels: "A sign, or *representamen*, is something which stands to somebody for something in some respect or capacity. It addresses somebody, that is, creates in the mind of that person an equivalent sign, or perhaps a more developed sign. That sign which it creates I call the interpretant of the first sign. The sign stands for something, its object" (1897/1932: 135, section 2.228).

3   Newmark's 1981 book presents a wealth of models and categories to help guide the practice and theory of translation. Of particular interest are his remarks for positioning the text (1981: 20–1), text function (1981: 14–15), componential analysis (1981: 30), different translation procedures (1981: 30–2), and his discussion of Nida's work in Bible translation (1981: 26–7, 41).

4 Cultural issues in translation and CAM$_2$

1   There have been various attempts at doubling specific factors of the original Jakobsonian speech act model, upon which our CAM is based. Specifically, Sebeok (1991: 29–30) presents a model similar to Jakobson's with two changes: (1) context becomes the factor within which the entire model is couched; (2) the model is to include any semiotic system, not just human language. Lotman goes a bit further than Sebeok and doubles the author (or *addresser*), message and code; he refers to this

change as *autocommunication* and explains why it is central to the creation of new information within the speech act (1990: 21–33). For Lotman, this doubling is essential not only for translation between two or more languages, but for all speech acts within a single language. Furthermore, Lotman is convinced that any powerful model of linguistic meaning must be definable at the **textual level**, not only at the level of individual phonemic and morphemic level. In fact, Lotman is explicit in his insistence that the minimal semiotic unit is the communication act (1992: I, 11).

2   There are different distributions of the cultural load between language and its users across cultural spaces. Russian culture has traditionally been considered to be a **high context culture**, which includes some of the following traits: (1) emphasis on internal context ("extensive, integrated informational relationships and networks among family, friends, neighbors, colleagues"); (2) deep interest (sometimes obsessive) with the past; (3) language, literature, history, and culture are very important; (4) meaning is given through context, not via "direct or precise communication"; (5) written contracts are not given the same degree of importance (Carlson 2007: 3–4). The term itself comes from O'Hara-Devereaux and Johansen 1994.)

   Carlson also notes that since Russian writings of many diverse genres provide excellent examples of "writing between the lines," it makes the translator's job more difficult (Carlson 2007: 5). The high frequency of proverbs, collocations, and set expressions used across the registers of CSR is one of the aspects of the language that facilitates the embedding of cultural knowledge and beliefs into the linguistic text. One could argue that the ubiquitous nature of proverbs in the Russian language is a corollary of high reading cultures, i.e. cultures whose members, across societal boundaries and regardless of higher education exposure, read a great deal. In fact, in Russia today one may see billboards that remind the population of this cultural value: *Русский народ – самый читающий в мире*. With the powerful influence of the internet, the notion of what it means to be a "high reading culture" in the twenty-first century will most certainly change across the globe.

3   As described in Chapter 1, Jakobson's communication act model gives six functions to parallel the six factors of the speech act (1987: 66–71): addresser – **emotive**; addressee – **conative**; code – **metalingual**; context – **referential**; message – **poetic**; contact – **phatic**. As noted earlier, all six functions and six factors are obligatorily present in any speech act, but dynamic shifts in hierarchy define the configuration. Jakobson's functions are more broadly defined that the functions used in the work of Hatim and Mason (1997). Namely, Hatim and Mason focus on the **ideational** and **interpersonal** functions that are both tied most directly to the code itself at the level of discourse.

6   Textual genre, text types, and translation

1   Holz-Mänttäri's *translational action model* includes a set of six addresser-oriented actors in order to describe the communicative process of translation from ST to TT, namely (1) initiator, (2) commissioner, (3) ST producer, (4) TT producer, (5) TT user, and (6) TT receiver (1984: 109–11). If translated into our CAM_2 model, these categories would fall under two of the CAM_2 factors: (1) the doubled author/addresser factor and (2) the addressee factor.

References

Andrews, E. 1996. *The Semantics of Suffixation: Agentive Substantival Suffixes in Contemporary Standard Russian*, Munich: LINCOM EUROPA.

Andrews, E. 2001. *Russian*, Munich: LINCOM EUROPA (For an interactive online version of this grammar, go to www.seelrc.org).

Andrews, E. 2003. *Conversations with Lotman: Cultural Semiotics in Language, Literature, and Cognition*, Toronto: University of Toronto Press.

Baker, M. 1992. *In Other Words*, London: Routledge.

Bolinger, D. 1975. *Aspects of Language*, 2nd edn, New York: Harcourt Brace Jovanovich, Inc.

Bühler, K. 1934. *Die Sprachtheorie*, Jena: Fischer.

Bühler, K. 1965. *Die Sprachtheorie*, 2nd edn, Stuttgart: Jena; trans. as *Theory of Language: The Representational Function of Language*, Philadelphia: John Benjamins, 1990.

Carlson, M. 2007. "Culture and History Matter: Russia's Search for Identity after the Fall," The Hall Humanities Lecture, 10 April, University of Kansas.

Chesterman, A. 1998. "Review of Hans J. Vermeer, *A Skopos Theory of Translation (Some arguments for and against)*," *Target* 10 (1), 155–9.

Chesterman, A. 2000. "What constitutes *progress* in Translation Studies?," in Birgitta Englund Dimitrova (ed.), *Oversattning och tolkning. Rapport fran ASLA, Nov. 1998*, Uppsala: ASLA, 33–49.

Dal', V. 1957. *Poslovicy russkugo naroda (sburnik)*, Moscow: Gosudarstvennoe izdatel'stvo xudožestvennoj literatury.

Donald, M. 2001. *A Mind So Rare: The Evolution of Human Consciousness*, New York: W. W. Norton & Co.

Eco, U. 2001. *Experiences in Translation*, Toronto: University of Toronto Press.

Frye, Northrop. 1967. *Anatomy of Criticism*, New York: Atheneum.

Hatim, B. 1997. *The Translator as Communicator*, London: Routledge.

Hervey, S. and Higgins, I. 2002. *Thinking French Translation: A Course in Translation Method. French to English*, London: Routledge (1st publ. 1992).

Holz-Mäntärri, J. 1984. *Translatorisches Handeln: Theorie und Methode*, Helsinki: Suomalainen Tiedeakatemia.

House, J. 1997. *Translation Quality Assessment: A Model Revisted*, Tübingen: Narr.

House, J. 2001. "How do we know when a translation is good?," in Erich Steiner and Colin Yallop (eds), *Exploring Translation and Multilingual Text Production: Beyond Content*, Berlin: Mouton de Gruyter, 127–60.

Isačenko, A.V. 1980. "Russian," in A. M. Schenker and E. Stankiewicz (eds), *The Slavic Literary Languages*, New Haven, CT: Yale Concilium on International & Area Studies, 109–42.

184 References

Jakobson, R. O. 1949/1971. "The Phonemic and Grammatical Aspects of Language in their Interrelations," in *Selected Writings II: Word and Language*, The Hague: Mouton, 103–14.
Jakobson, R.O. 1959/1971. "On Linguistic Aspects of Translation," in *Selected Writings II: Word and Language*, The Hague and Paris: Mouton, 260–6.
Jakobson, R.O. 1960/1987. "Linguistics and Poetics," in K. Pomorska and S. Rudy (eds), *Language in Literature*, Cambridge, MA: Belknap Press of Harvard University Press, 62–94.
Kristeva, J. 1986. "Revolution in Poetic Language," in *The Kristeva Reader*, ed. T. Moi, New York: Columbia University Press, 89–136.
Lederer, M. 2003. *Translation: The Interpretive Model*, trans. Ninon Larche, Manchester, UK: St Jerome Publishing.
Lotman, J. M. 1992. *Izbrannye statji v trex tomax*, vols 1–2, Tallinin: Alexsandra.
Lotman, Yu. M. 1990. *Universe of the Mind: A Semiotic Theory of Culture*, trans. A. Shukman, introduction by U. Eco, Bloomington, IN: Indiana University Press.
Munday, J. 2001. *Introducing Translation Studies: Theories and Applications*, London: Routledge.
Newmark, P. 1981. *Approaches to Translation*, Oxford: Pergamon Press.
O'Hara-Devereaux, M. and Johansen, R. 1994. *Globalwork: Bridging Distance, Culture, and Time*, San Francisco, CA: Jossey-Bass.
Palmer, G. B. 1996. *Toward a Theory of Cultural Linguistics*, Austin, TX: University of Texas Press.
Peirce, C. S. 1931–58. *Collected Papers of Charles Sanders Peirce, 1–8*, Cambridge, MA: Harvard University Press.
Reiss, K. 1989. "Text-Types, Translation Types and Translation Assessment," in A. Chesterman (ed.), *Readings in Translation Theory*, Helsinki: Finn Lectura.
Reiss, K. 2000. *Translation Criticism: The Potentials and Limitations*, trans. Erroll F. Rhodes, Manchester, UK: St Jerome Publishing.
Reiss, K. and H. Vermeer. 1984. *Grundlegung einer allgemeinen Translationstheorie*, Tübingen: Niemeyer.
Rivelis, E. 2007. *How is the Bilingual Dictionary Possible?*, Stockholm: Stockholm Slavic Studies, 36.
Schiffrin, D. 1987. *Discourse Markers*, Cambridge, UK: Cambridge University Press.
Sebeok, T. 1991. *A Sign is Just a Sign*, Bloomington, IN: Indiana University Press.
Simon, S. 1996. *Gender in Translation: Cultural Identity and the Politics of Transmission*, London: Routledge.
Tannen, D. and Wallat, C. 1993. "Interactive Frames and Knowledge Schemas in Interaction: Examples from a Medical Examination/Interview," in D. Tannen (ed.), *Framing in Discourse*, New York: Oxford University Press, 57–76.
Venuti, L., ed. 2000. *The Translation Studies Reader*, London: Routledge.
Venuti, L., 2008. *The Translator's Invisibility: A History of Translation* (2nd ed), London: Routledge.
Verbickaja, L. A. ed. 2001. *Davajte govorit' pravil'no*, Moscow: Vysšaja škola.
Vermeer, H. J. 1989/2000. "Skopos and commission in translational action," in L. Venuti (ed.), *The Translation Studies Reader*, London: Routledge.
Vinogradov, V. V., ed. 1960. *Grammatika russkogo jazyka*, vols 1–2, Moscow: ANSSSR.
Williams, T. 2000. '*Language and Culture: An Examination of the Conceptualization of Health in Russian Language and Culture*', Ph.D. dissertation, Duke University, Durham, NC.

Index

Made in the USA
Middletown, DE
25 January 2018